आधुनिक नारी एव खुशहाल परिवार

सुखी दाम्पत्य जीवन के लिए...

शीला सलूजा

चुन्नीलाल सलूजा

वी एण्ड एस पब्लिशर्स

प्रकाशक

वी एण्ड एस पब्लिशर्स

F-2/16, अंसारी रोड, दरियागंज, नई दिल्ली-110002
☎ 23240026, 23240027 • *फैक्स:* 011-23240028
E-mail: info@vspublishers.com • *Website:* www.vspublishers.com

क्षेत्रीय कार्यालय : हैदराबाद
5-1-707/1, ब्रिज भवन (सेन्ट्रल बैंक ऑफ इण्डिया लेन के पास)
बैंक स्ट्रीट, कोटी, हैदराबाद-500 095
☎ 040-24737290
E-mail: vspublishershyd@gmail.com

शाखा : मुम्बई
जयवंत इंडस्ट्रिअल इस्टेट, 2nd फ्लोर - 222,
तारदेव रोड अपोजिट सोबो सेन्ट्रल मॉल, मुम्बई - 400 043
☎ 022-23510736
E-mail: vspublishersmum@gmail.com

फ़ॉलो करें:

हमारी सभी पुस्तकें **www.vspublishers.com** पर उपलब्ध हैं

प्रकाशकीय

आदिकाल से ही मानव सृष्टि में 'समाज' का अस्तित्व रहा है। समाज मानव जीवन और व्यवहारों को नियंत्रित करता है। 'परिवार' समाज का एक महत्त्वपूर्ण घटक है। दूसरे शब्दों में परिवार समाज की आधारिक संरचना है, एक महत्त्वपूर्ण ईकाई है। एक आदर्श समाज का निर्माण, एक आदर्श परिवार के निर्माण से होता है।

एक परिवार का निर्माण, माता-पिता, पति-पत्नी, पुत्र-पुत्री, भाई-बहन आदि सदस्यों से मिलकर होता है। यदि पुरुष परिवार के भरण-पोषण के लिए उत्तरदायी होता है, तो नारी, परिवार की धुरी होती है। जिसके इर्द-गिर्द परिवार के अन्य सदस्य बंधे होते हैं। एक नारी ही होती है जिससे एक आदर्श परिवार की व्याख्या होती है, नारी ही होती है जो एक कुशल गृहिणी बनकर एक आदर्श परिवार का निर्माण करती है। यह खुशहाल परिवार के पीछे नारी को सुघड़ गृहिणी का रूप ही होता है।

जिस प्रकार की नारी होगी उसी प्रकार का परिवार निर्मित होगा। पुरुष संसाधन जुटा सकता है, पर उन संसाधनों का कुशल एवं रुचिकर उपयोग नारी ही करती है। नारी अनेक रूपों यथा पत्नी, पुत्री, माता, सास-बहू आदि रूपों में परिवार को सजाती सँवारती है। नारी का **गृहिणी** रूप परिवार व समाज के लिए अत्यन्त आवश्यक है।

कुशल **गृहिणी** बनकर नारी अपने परिवार, अपने समाज, अपने देश व समस्त मानव जाति के सभी समाजों में खुशहाली का आधार बनती है। अतः नारी का **गृहिणी** रूप नमनीय है।

इसी उद्देश्य से यह पुस्तक 'आधुनिक नारी एवं खुशहाल परिवार' लिखी गई है।

प्रस्तावना

परिवार की खुशहाली, सुख-समृद्धि, सामाजिक प्रतिष्ठा का केन्द्र गृहिणी है। वास्तव में गृहिणी ही वह धुरी है, जिससे परिवार के सभी सदस्य शक्ति, प्रेरणा तथा अनुकरण प्राप्त करते हैं। बच्चों के व्यक्तित्व विकास में वह पूरा-पूरा योगदान देती है। पति की प्रेयसी और प्रेरणा बन उसे जीवन संग्राम में संघर्षों के लिए तैयार करती है। युवा बेटी की सखी बन उसे जीवन की ऊंच-नीच से परिचित कराती है। विषम परिस्थितियों में स्वयं धैर्य और साहस के साथ उनका सामना करती है। इस विषय में कहा जाता है कि यदि संसार में नारी न होती, तो गृहिणी न होती, गृहिणी न होती, तो परिवार व्यवस्था भी न होती। पारिवारिक व्यवस्था के अभाव में सब जगह जंगलराज होता। स्पष्ट है कि गृहिणी ने ही मनुष्य को सभ्य और सुसंस्कृत बनाया है। स्त्री ने अपने विविध रूपों में पुरुष को प्रेरित किया है।

विवाह संस्था का अपना मनोवैज्ञानिक महत्व है। प्राचीन धर्म ग्रंथों में इस संस्था की इतनी अच्छी व्याख्या की गई है कि लगता है, जैसे सारी व्यवस्था बड़ी सोच-समझकर बनाई गई है। गृहिणी का सेवक स्वरूप इसी व्यवस्था का एक महत्वपूर्ण घटक है। वह पुरुष में शक्ति संचार करने वाली है। सारी-की-सारी व्यवस्था के क्रियान्वयन में गृहिणी ही प्रमुख है। आदर्श गृहिणी के बारे में कहा जाता है कि वह पुरुष की सच्ची सलाहकार, स्नेह करने वाली, गलतियों को क्षमा करने वाली होती है।

स्मार्टनेस यानी कि 'सयानापन' नारी का आदि काल से आदर्श रहा है। उस प्राचीन समय में भी उसे उतनी ही मान्यता मिली थी, जितनी कि आज है। स्मार्टनेस का सीधा सम्बंध जीवन के व्यावहारिक पक्षों से है। इस गुण के कारण ही मध्यवर्गीय सामाजिक जीवन में सच्चे सुख की प्राप्ति होती है। पारिवारिक जीवन में स्नेह के नए स्रोत बनते हैं। पारिवारिक हितों के साथ-साथ सामाजिक हितों की सोच विकसित होती है।

इस पुस्तक में भी गृहिणी को आधुनिक जीवन शैली की धुरी के रूप में स्वीकारा गया है। समाज और परिवार में गृहिणी की भूमिका को इसलिए भी स्वीकार किया गया है कि पुरुष प्रधान सामाजिक व्यवस्था में गृहिणियों की संख्या पचास प्रतिशत के लगभग है। इतनी बड़ी संख्या और इतनी बड़ी सामाजिक व्यवस्था में उन्हें अछूता नहीं छोड़ा जा सकता। तब, जबकि आज की गृहिणी शिक्षित है, आत्म निर्भरता के लिए संघर्षरत है। अपने सामाजिक और राजनीतिक अधिकारों के लिए जागरूक है।

आज का सामाजिक जीवन पहले से बहुत भिन्न हो गया है। समृद्ध जीवन शैली आज की सामाजिक आवश्यकता है। हमारी सोच, हमारे कार्यों, व्यवहारों का प्रभाव हमारे बच्चों एवं भविष्य पर भी पड़ता है। साथ ही हमारे स्वास्थ्य और परिवार पर पड़ता है।

आज किशोरावस्था में कदम रखते ही लड़कियों की कल्पनाएं रंगीन होने लगती हैं और वे मन-ही-मन में ख्वाबों के अनेक रंग भरने लगती हैं, परन्तु स्मार्ट हाउसवाइफ बन कर ही वे अपने इन सपनों को साकार कर सकती हैं।

वर्तमान में फैशन, ग्लैमर, सिनेमाई संस्कृति और आर्थिक सम्पन्नता के प्रभावों से हमारे परिवार अछूते नहीं रह सकते। आधुनिक जीवन शैली के विविध पक्षों ने गृहिणियों की सोच को प्रभावित किया है। वे चाहती हैं कि उन्हें अपनी इन जिज्ञासाओं के ऐसे उत्तर मिलें अथवा समाधान मिलें, जो उनकी स्मार्टनेस को प्रगतिशीलता का नया आवरण दे। उनके घर को देख कर लोग उनकी इस प्रगतिशील सोच से प्रभावित हो।

प्रगतिशीलता की इस दौड़ में आप भी किसी से कम नहीं। अपने आप को किसी के सामने हीन अथवा उपेक्षित न समझें। परिवार और समाज में आपकी प्रतिष्ठा आपकी सुघड़ता के कारण बढ़े, इन सब बातों का एकमात्र समाधान है यह पुस्तक आपकी पारिवारिक और उससे बाहर की सफलताओं की संपूर्ण मार्गदर्शिका है।

आप अपने परिचय क्षेत्र में सफल बनें, इस बात का कदम-कदम पर ध्यान रखा गया है। दृढ़ निश्चय, आत्मविश्वास और लगन के साथ-साथ समाज और परिवार में अपना स्थान बनाएं, इसके तमाम उपाय इसमें मौजूद हैं।

इस पुस्तक में गृहिणी के आधुनिक व्यवहारों को दिशा देने वाले प्रयास भी शामिल किए गए हैं। इससे यह पुस्तक उन सभी लड़कियों के लिए भी उपयोगी हो गई है, जिनका सपना एक सफल हाउसवाइफ बनने का है। हमारा विश्वास है कि यह उन गृहिणियों के लिए भी सखी के रूप में, बड़ी दीदी के रूप में सहायक और शुभचिन्तक बनेगी, जिनकी नई-नई गृहस्थी बनी है।

नवविवाहिताओं को यदि उनके दहेज में इस प्रकार की पुस्तकें उपहार स्वरूप दी जाएं, तो न केवल उनका दाम्पत्य जीवन सुखी होगा, साथ ही वे परिवार के तमाम सदस्यों का भी दिल जीत सकेंगी।

'आधुनिक नारी एवं खुशहाल परिवार' का यह संस्करण गृहिणियों को असाधारण एवं विलक्षण बनाने के ठोस एवं कारगर उपायों को सुझाता है, ताकि नारी एक स्मार्ट हाउसवाइफ का रूप लेकर खुशहाल एवं सम्पन्न परिवार के निर्माण में अपनी भूमिका निभा सके।

आपके सफल गृहिणी बनने की पहल पर हमारी शुभकामनाएं।

—शीला सलूजा
—चुन्नीलाल सलूजा

विषय-सूची

वास्तव में परिवार रूपी नौका की खेवनहार गृहिणी होती है। जिस प्रकार से कुशल मल्लाह अपनी नौका को नदी के थपेड़ों, लहरों, विपरीत दिशाओं की ओर से चलने वाली हवाओं व भंवर से बचाता हुआ सफलतापूर्वक सुरक्षित किनारे तक ले जाता है, उसी प्रकार से एक कुशल गृहिणी भी अपने परिवार के सदस्यों का अपने चारित्रिक, बुद्धि बल, मनोयोग, चातुर्य से अपने त्यागमय आदर्शों और युक्तिपूर्ण उपायों से अपने परिवार की नौका को थपेड़ों और भंवरों से बचाती हुई किनारे तक सुरक्षित पहुंचाती है।

लेखक की कलम से....

अध्याय 1

वस्त्रों की देखभाल

वस्त्र व्यक्तित्व के परिचायक हैं। सुंदर, आकर्षक वेशभूषा देखकर ही व्यक्ति के पढ़े-लिखे होने या उसके सामाजिक और आर्थिक स्तर का अनुमान लगाया जाता है। पहला प्रभाव तो वस्त्रों का ही पड़ता है। वस्त्र चाहे घर के उपयोग के हों अथवा पहनने के आपकी अभिरुचि और सुघड़ता का ही परिचय देते हैं। उचित देखभाल से वस्त्र जहां हमारी अलग पहचान बनाते हैं, वहीं शालीनता और सौम्यता का भी परिचय देते हैं। महंगे वस्त्र भी उचित देख-रेख के अभाव में भद्दे लगते हैं। अतः वस्त्रों के चयन और उचित देखभाल का सदैव ध्यान रखें। मखमल में टाट का पैबन्द लगा देखकर आप हंसी की पात्र न बनें।

वस्त्र जीवन की अनिवार्य आवश्यकता है। गृहिणी के पारिवारिक बजट का दस से बीस प्रतिशत व्यय इस एक मद पर होता है। इसलिए इनकी उचित देखभाल होना उतना ही आवश्यक है, जितना कि अन्य कोई काम। वस्त्रों की उचित देखभाल न होने से जहां ये भद्दे लगते हैं, वहीं ये शीघ्र ही फट जाते हैं अथवा अन्य प्रकार से बेकार हो जाते हैं।

गृहिणी को दो प्रकार के वस्त्रों की देखभाल करनी पड़ती है—1. वे वस्त्र जो घर में उपयोग होते हैं जैसे चादरें, परदे, तौलिए, फर्नीचर के कुशन, गद्दे, उनके कवर आदि। 2. परिवार के सदस्यों के पहनने वाले वस्त्र जैसे साड़ी, सूट, सलवार, कुर्ता, पायजामा, स्कर्ट, जींस, पैंट, अधोवस्त्र आदि।

घर के वस्त्र यानी चादरें, परदे, मेज़पोश आदि तो घर की आवश्यकता के अनुसार क्रय किए जाने चाहिए। उनके रंग, डिजाइन आदि कमरे की बनावट और फर्नीचर की आवश्यकता के अनुसार होने चाहिए, लेकिन पहनने वाले वस्त्रों का चुनाव हमेशा अपने रंग रूप, शारीरिक संरचना और अवसर के अनुकूल करना चाहिए।

लोक मान्यता है कि 'खाओ मन भाता और पहनो जग भाता'। अर्थात् खाना तो अपनी मनपसंद का खाना चाहिए और पहनना दूसरों की रुचि का होना चाहिए। यहां लोक रुचि का अर्थ केवल इतना ही है कि वस्त्र आपकी मर्यादा की भी रक्षा करते हैं। इसलिए तड़क-भड़क वाले भड़कीले पारदर्शी वस्त्र आपको लोक निन्दा का केन्द्र बना सकते हैं। सिनेमाई संस्कृति के प्रभाव में आकर जो युवतियां भड़कीले वस्त्र पहनकर बाजार में निकलती हैं, लोगों की छींटाकशी और आवाजों का केंद्र बनती हैं। इसके विपरीत, शालीनता युक्त पहनावा आपको सबकी नज़रों में सम्मान और प्रतिष्ठा दिलाता है।

वस्त्र हमेशा अवसर के अनुकूल पहनने चाहिए। गर्मी के अवसर पर भड़कीले इंद्रधनुषी रंग वाले वस्त्र आपको आलोचना का केन्द्र बनाएंगे। आपको इस बात की पूरी-पूरी जानकारी होनी चाहिए कि किस अवसर पर आपको क्या पहनना है। वस्त्र के चुनाव में अपनी शारीरिक संरचना का भी ख्याल रखें। यदि आपका रंग साफ़ है, गोरा है, तो आप गहरे रंगों वाले कपड़े पहनें, इससे आपके व्यक्तित्व में निखार आएगा। यदि आपका रंग श्याम वर्ण है, तो आप हलके व साफ़-सुथरे सफ़ेद वस्त्र पहनें। छोटे कद की महिलाओं को लंबी धारीदार साड़ी पहननी चाहिए, चौड़ा बार्डर भी इनके व्यक्तित्व

पर निखरेगा। लंबी महिलाओं को आड़ी धारी वाली साड़ी पहननी चाहिए।

यदि आप डॉक्टर हैं, स्कूल शिक्षिका अथवा समाज सेवा के अन्य किसी कार्य से संबद्ध हैं, तो आप अपने पद की गरिमा के अनुकूल साड़ी, सूट पहनें। साड़ी महिलाओं की सदाबहार पोशाक है, इसका चुनाव आप अपनी आर्थिक और सामाजिक सीमाओं में कर सकती हैं।

त्योहारों पर अपनी परम्परागत पोशाक पहनें। इससे जहां त्योहारों का उल्लास बढ़ेगा, वहीं रिश्ते भी मधुर और मजबूत बनेंगे। शायद इसीलिए त्योहारों पर नए वस्त्र पहनने की परम्परा है। पारिवारिक उत्सव तथा पूजा, पर्व आदि पर नए वस्त्र पहनने की परम्परा भी है।

साड़ी की देखभाल

'साड़ी' शब्द के साथ ही भारतीय नारी की संपूर्ण वेशभूषा की कल्पना होने लगती है। इसमें नारी का संपूर्ण व्यक्तित्व उभरता है। यह भारतीय नारी का सांस्कृतिक पहनावा है। आदिकाल से ही नारी इसे पहनती आई है। देश के सभी प्रांतों में इसका प्रचलन है। अब तो भारतीयों की पोशाक को अंतर्राष्ट्रीय स्तर पर स्वीकार कर लिया गया है। साड़ी आधुनिक नारी की पहचान बन गई है। साड़ी का रख-रखाव, साड़ी बांधना भी एक कला है। अलग-अलग राज्यों में साड़ी बांधने की शैली भिन्न है। महाराष्ट्र की साड़ी बांधने की शैली अन्य सभी से भिन्न है।

सिल्क, पालिस्टर की साड़ियां जहां सर्दी के मौसम में अच्छी लगती हैं, वहीं सूती, तांत, साउथ सिल्क, कोटा,

शिफान आदि की साड़ियां गर्मियों में व्यक्तित्व को प्रभावशाली बनाती हैं। बनारसी साड़ियां शादी-ब्याह पर अच्छी लगती हैं।

महिलाओं में नई-नई साड़ियां खरीदने की इच्छा हमेशा बनी रहती है। बाक्स, अलमारी में काफ़ी साड़ियां होने के बाद भी उनकी यह इच्छा कभी पूरी नहीं होती। वास्तव में साड़ियों का अधिक होना इतना महत्त्वपूर्ण नहीं, जितना कि उनका सही रख-रखाव होना है। इसलिए इस विषय में थोड़ी सी व्यावहारिक सोच रखें और साड़ियों की उचित देखभाल करें :

- साड़ियों को हमेशा तय करके करीने से हैंगर में टांगकर रखें। बनारसी, कांजीवरम् अथवा साउथ सिल्क की महंगी साड़ियों पर कवर चढ़ाकर रखें। इससे उन पर धूल नहीं जमेगी।
- रेशमी साड़ियां हमेशा पुरानी सूती साड़ियों में लपेट कर रखें, इन्हें जहां भी रखें 'फिनायल' अथवा नैफथलीन की गोलियां जरूर रखें।
- सूती साड़ियां चरख कल्फ लगाकर रखें।
- बाक्स में साड़ियां रखें, तो उन्हें अखबारी कागज में लपेटकर रखें, इससे दीमक लगने की संभावना कम रहती है।
- रखे हुए वस्त्रों को समय-समय पर धूप, हवा लगवाते रहें।
- सीलन से बचाव करें।

साड़ियां धोने की घरेलू विधि

रीठे का घोल बना लें। इस पानी को हलका गर्म कर उसमें धोने वाली साड़ी दस-पंद्रह मिनट तक भीगी रहने दें। फिर हलके हाथों से घोलें। साफ पानी में निकालकर इन्हें छाया में सुखाएं। यदि आपके पास रीठे का प्रबंध न हो, तो बाजार में मिलने वाले किसी भी सौम्य साबुन से हलके हाथों से साड़ियां धोएं। ध्यान रखें कि इन साड़ियों को कपड़े धोने वाली मशीन में न डालें। इससे उनकी चमक में अंतर आ जाता है और साड़ियों की चमक फीकी पड़ जाती है।

परदे, मेज़पोश, चादरें कुशन की सफ़ाई

चादरें, मेजपोश, परदे घर की सुंदरता के लिए आवश्यक हैं। चूंकि ये सब मोटे कपड़े जैसे टेपेस्ट्री, वेलवेट अथवा पानीपत की हैंडलूम अथवा खादी के बने होते हैं, इसलिए इन्हें बार-बार धोना, साफ़ करना कठिन होता है। इसलिए इनका उपयोग, देखभाल करते समय निम्न बातों पर ध्यान दें :

- परदों के पीछे मारकीन अथवा अन्य किसी पतले सूती कपड़े की लाइनिंग अवश्य लगाएं, इससे धूप का प्रभाव कम पड़ेगा और इन कपड़ों के रंग सुरक्षित बने रहेंगे।
- दो तीन महीने बाद इन्हें आवश्यकता अनुसार धोएं। इन्हें धोने का सरल उपाय यह है कि बड़े टब में साबुन का घोल बनाकर इन्हें कुछ देर तक पड़ा रहने दें, मैल गल जाने पर हलके हाथों से धो दें।
- यदि परदे सूती अथवा केसमेन्ट के हैं, तो इन पर कल्फ़ अवश्य लगाएं। यदि कोई कपड़ा रंग छोड़ता हो, तो उसे अन्य वस्त्रों के साथ न धोएं।
- एप्लीक अथवा पेचवर्क या पेंटिंग वाले कवर, मेजपोश भी अलग से धोएं। इन्हें तेज धूप में न सुखाएं। तेज धूप में सुखाने से सफ़ेद कपड़े पीले पड़ जाते हैं और रंगीन कपड़ों के रंग फीके पड़ जाते हैं।
- टेबिल क्लाथ, डाइनिंग टेबल क्लाथ, कुशन कवर आदि समय-समय पर बदलती रहें। यदि संभव हो, तो इन्हें बदल-बदल कर उपयोग करें। इससे बैठक का रूप भी बदलता रहेगा और आपकी आंखों को भी सुंदर लगेगा।
- यदि मेज़पोश, कुशन कवर या अन्य किसी में मोती लगे हैं, कांच का काम हुआ है, तो इन्हें निचोड़ने की आवश्यकता नहीं।

कपड़ों के दाग, धब्बों की सफ़ाई

मैल कपड़ों का दुश्मन होता है। वैसे भी मैले कपड़े मन में हीनता लाते हैं। व्यक्तित्व को दबा देते हैं। इसलिए विभिन्न कपड़ों की सफ़ाई दाग़-धब्बे छुड़ाने के लिए निम्न उपाय करें :

- जंग लगे दाग़ को नीबू रगड़ कर साफ़ करें।
- कपड़ों में यदि खून का दाग़ पड़ गया है, तो उसे सफ़ेद सिरका डालकर आधा घंटे तक पानी में पड़ा रहने दें। बाद में धोकर सुखाएं।
- तेल, ग्रीस, तारकोल जैसे हठीले दाग़-धब्बे मिट्टी के तेल से छुड़ाएं।

- सॉस के दाग़ विम या बरतन धोने वाले किसी भी पाउडर से रगड़कर साफ़ कर सकती हैं।
- पसीने के दाग़ सिरके के घोल से साफ़ किए जा सकते हैं। बराबर-बराबर सिरका और पानी इन दागों पर मलें, फिर धो लें।
- जींस जैसे मोटे कपड़ों को उलटा करके धोएं। इससे उनकी स्वाभाविक चमक बनी रहेगी।
- गर्म कपड़ों में एक मुट्ठी लौंग रख दें, इससे उनमें कीड़ा नहीं लगता है।
- जो कपड़े पैरों के पास से ज़्यादा मैले हो जाते हैं, जैसे मोजे, पायजामा आदि ऐसे गंदे कपड़ों को नीबू के पानी में रखने के बाद धोएं, मैल आसानी से निकल जाएगी।
- अधिक देर तक गीले रहने के कारण कभी-कभी कपड़े बदबू मारने लगते हैं, एक मुट्ठी नमक डालकर इन्हें धोएं फिर सुखाएं। बदबू खत्म हो जाएगी।
- वाशिंग मशीन में कपड़े धोते समय बच्चों के छोटे-छोटे कपड़े, मोजे, रूमाल आदि किसी थैली में बंद कर के उसमें डालें।
- सूती रंगीन कपड़ों को कलफ़ अवश्य लगाएं। इन्हें उलटा कर सुखाएं। कपड़ों को हलकी धूप में सुखाएं या फिर छाया में। इससे उनके रंग फीके नहीं पड़ते।

कभी न बदलने वाला फैशन—सादगी

महाविद्यालय के वार्षिकोत्सव पर कालेज की सर्वश्रेष्ठ छात्रा का सम्मान इस बार शालू बत्रा को मिला। मंच पर जैसे ही शालू बत्रा के नाम की घोषणा हुई, मेरे पास की सीट पर बैठी मीनाक्षी बोली, 'यह वही शालू है ना...। लंबी-सी इकहरे बदन वाली, कुछ सांवले से रंग की, साधारण-से मेकअप वाली, गले में छोटा-सा लाकेट...। बड़ी सादगी पसंद है वह...। बहुत कम बोलती है...। आकर्षक व्यक्तित्व और सादगी ओढ़े... ।' मीनाक्षी कुछ और कहती, इससे पहले ही शालू बत्रा मंच पर आ गई थी।

शालू बत्रा इतनी सुंदर तो न थी, लेकिन उसका हलका बनाव-शृंगार और सुरुचिपूर्ण आकर्षक सफ़ेद सूट और गहरे हरे रंग की चुन्नी... ने उसे इतना आकर्षक बना दिया था, कि वह बहुत ही सुंदर लग रही थी। शायद इसी सादगी के कारण उसे कालेज की सर्वश्रेष्ठ छात्रा होने का सम्मान मिला था।

हमारे सामाजिक और पारिवारिक जीवन में नित्य नए-नए फैशन, रंग-डिजाइन आते हैं, बदल जाते हैं। हमारे पारिवारिक जीवन पर भी सिनेमाई संस्कृति का एक रंग चढ़ता है, फिर दूसरा आता है और फिर तीसरा...। लेकिन सादगी...। सादगी कभी न बदलने वाला फैशन है।

भौतिकतावाद के इस युग में सादगी की बातें करना यद्यपि बेमानी-सा लगता है, लेकिन यह एक सत्य है कि सादगी कभी न बदलने वाला फैशन है। सादगी की हर सीमा पूर्ण है, फैशन की कोई भी सीमा नहीं है। फैशन एक प्रकार की मृगतृष्णा है, जिसे लाख पाने का प्रयास करें, वह कभी पकड़ में नहीं आता। आप चाहे जितना पैसा खर्च करें, प्रतिदिन बदलने वाले फैशन, रंगों, डिजाइनों से आप कभी संतुष्ट न होंगी, जबकि सादगी अपने आप में संतुष्टि है।

बात चाहे बनाव-शृंगार की हो अथवा कपड़ों की, केश विन्यास की हो या आभूषणों की, गृह सज्जा की हो या समाज सेवा की...आप चाहे कितने ही प्रयास करें, प्रत्येक स्तर पर कुछ-न-कुछ अभाव आपको हमेशा खटकेंगे। फैशन की यह सोच आपको कभी भी संतुष्ट न होने देगी और आप जीवन में हमेशा एक रिक्तता का अनुभव करेंगी। इसलिए इस विषय में आप अपनी सोच को कुछ व्यावहारिक बनाएं।

आप चाहे घर में हों अथवा घर के बाहर किसी संस्थान में, अपने दैनिक जीवन में अपने व्यक्तित्व और रूप राशि को इतना संवारें कि वह अपने नैसर्गिक सौंदर्य को खत्म न कर सके। हलके रंगों के वस्त्र का चुनाव जहां आपकी सुरुचि पूर्ण पसंद का द्योतक है, वहीं गहरे चटक रंग आपके कठोर होने और शुष्क होने के भी प्रतीक हैं। अतः दूसरों को प्रभावित करने के लिए सबसे सरल उपाय यह है कि आप अपने वस्त्रों का चुनाव करते समय हलके रंगों को प्राथमिकता दें।

गृहिणी अथवा कामकाजी महिला के रूप में सादगी को एक आदर्श के रूप में स्वीकारें। आवश्यकता से अधिक लिपा-पुता चेहरा, सुर्ख गहरी लिपिस्टिक, तेज खुशबू, थोपे हुए लटकते भारी भरकम गहने आपको 'सेठानी जी' आ गई कि टिप्पणी देंगे। हो सकता है आपको लोग 'हीरोइन',

'छप्पन छुरी' 'मस्त-मस्त' आदि निक नेम दें। आशय यह है कि सादगी एक ऐसा आभूषण है, जो आपके व्यक्तित्व को निखारता है। आपको मानसिक 'संतुष्टि' प्रदान करता है, लोगों की टिप्पणियों से बचाता है। खर्चीले सौंदर्य प्रसाधनों से बचाता है और आपके पारिवारिक बजट को संतुलित करता है।

सादगी से तात्पर्य आपके सीमित साधनों का विवेकपूर्ण उपयोग है। किसी भी प्रकार के अभाव को अभिशाप न मानें। अपने आपको काला, कुरूप, साधनहीन, बेचारा अथवा बेचारी समझना, दुःखी होना, कुंठाग्रस्त होना उचित नहीं। इस बात को स्वीकार करें कि इस दुनिया में सबको सब-कुछ नहीं मिलता। इसलिए जो उपलब्ध है, सुलभ है, उसी का उपयोग करें। अपने आप में आत्मविश्वास जगाएं। अपने रहन-सहन, खान-पान को सुरुचिपूर्ण सादगी प्रदान करें। जीवन में इस प्रकार की सोच आपको दूसरों से विशिष्ट, भिन्न, सुंदर बनाएगी, वहीं आप अपने आपको हर स्थिति में संतुष्ट और सुखी पाएंगी। अभाव का अहसास स्वतः ही समाप्त हो जाएगा।

आपकी वैचारिक सादगी आपके आचरण में भी दिखाई देनी चाहिए। महंगे सौंदर्य प्रसाधनों की खरीद से बचें, घर में ही उपयोग होने वाले पदार्थों का सौंदर्य प्रसाधन के रूप में उपयोग करें। कच्चा दूध, दही, मलाई, नीबू, संतरे के छिलके, खीरा, हलदी, बेसन, आंवले का चूर्ण, रीठा, शिकाकाई, टमाटर, मेहंदी, लौकी का छिलका आदि ऐसे पदार्थ हैं, जिनका उपयोग सौंदर्य प्रसाधनों के रूप में किया जा सकता है।

इनके उपयोग से जहां आपके चेहरे और त्वचा पर स्वाभाविक निखार आएगा, वहीं आपकी प्राकृतिक सुंदरता भी बनी रहेगी। इसी प्रकार से वस्त्रों का सादगीपूर्ण चयन आपको गरिमामय सम्मान दिलाएगा।

गृह-सज्जा में भी घर की अनुपयोगी वस्तुओं का उपयोग करें। इन्हें करीने से सजाएं और घर की सुंदरता में चार चांद लगाएं। फूल-पत्तियों, गमलों, सूखी डालियों, चिड़ियों के पंखों, रेखाओं के संयोजन, कंकड़-पत्थरों से कुछ इस प्रकार से सजाएं कि शो पीस बोल उठे।

जिस प्रकार से सुंदरता छिपाए नहीं छिपती, उसी प्रकार से सादगी भी छिपाए नहीं छिपती। इसलिए आप चाहे घर में हों अथवा पार्टी में, सांस्कृतिक समारोह में हों अथवा कामकाजी ज़िन्दगी में, जिस सादगी ने शालू बत्रा को कालेज की सर्वश्रेष्ठ छात्रा का सम्मान दिलाया, वही सादगी आपको भी सर्वश्रेष्ठ गृहिणी होने का सम्मान दिला सकती है। बस, अंतर केवल आपकी अपनी सोच का है।

अतः कभी न बदलने वाले इस फैशन को अपना कर देखें। आपका चेहरा हमेशा संतुष्टि से प्रसन्न और खिला रहेगा और आप सहज में ही सफलताओं की नित्य नई ऊंचाइयां छूती रहेंगी। पति और परिवार के अन्य सदस्य भी आपके इस आदर्श के लिए समर्पित भाव से सहयोगी बनेंगे। आत्म संतुष्टि और प्रसन्नता का यह अहसास ही प्रगतिशीलता की पहचान है, अतः सादगी अपनाकर आप भी अपनी कुछ ऐसी ही पहचान बनाएं। शालू जैसा सम्मान मिलने में समय न लगेगा।

अध्याय 2

सामाजिक होने का परिचय दें

मनुष्य एक सामाजिक प्राणी है। उसके संपूर्ण व्यक्तित्व विकास के लिए समाज आवश्यक है। महानगरों में कालोनी-संस्कृति और अब फार्म हाउस संस्कृति के विकास ने लोगों की मानसिक सोच को संकीर्ण बनाया है। इससे सामाजिक सुरक्षा प्रभावित हुई है। इसके विपरीत सामाजिकता की सोच से न केवल आपकी सुरक्षा का घेरा बढ़ता है, बल्कि दूसरे भी सुरक्षित रहते हैं। सामाजिकता की सोच पर एक आत्मावलोकन...।

''मैं तो कालोनी में किसी के यहां मिलने-बैठने नहीं जाती हूं। मिलना-बैठना तो यहां के लोगों को बिलकुल पसन्द ही नहीं। इन छोटे लोगों को क्या मुंह लगाना...इनसे तो जितना दूर रहो, उतना ही अच्छा है। ज़रा-सी लिफ्ट दी नहीं कि ये सिर पर बैठने की कोशिश करते हैं...।''

''शीला की मां और तो सब ठीक है इस कालोनी में, लेकिन पास-पड़ोस में मिलने-बैठने के लिए कोई नहीं। मैं तो किसी से बात करने के लिए भी तरस जाती हूं। सब अपने-अपने मकानों, कोठियों, बंगलों, बड़ी-बड़ी भुतहा हवेलियों...। गेट ऐसे बंद रहते हैं, जैसे यहां कोई इनसान रहता ही नहीं...। मिलने-बैठने का सुख तो आपके मुहल्ले में था, यहां तो बिलकुल नहीं, बस घर में घुसे रहो, न दिन का पता चलता है न रात का...।''

पास-पड़ोस में मिलने-बैठने, सामाजिक होने के दो ऐसे पक्ष हैं, जिसमें दो अलग-अलग गृहिणियों के विचार हैं। दो पढ़ी-लिखी महिलाओं की यह अलग-अलग सोच ही एक-दूसरे के सामाजिक होने का परिचय है। पहली का अपना निजी दृष्टिकोण है, वह लोगों के साथ इसलिए मिलना-जुलना पसन्द नहीं करती, क्योंकि वह अपने आपको 'बड़ी' और 'प्रगतिशील' समझती है। दूसरी महिला में सामाजिक सोच है, क्योंकि वह सबसे हिल-मिलकर रहना चाहती है। उसकी सोच यह है कि शिष्टाचार के नाते ही हमें एक-दूसरे के दुःख-सुख में शामिल होना चाहिए। एक-दूसरे का सहयोग करने का कोई भी अवसर हाथ से न जाने देना चाहिए। उसकी इस प्रकार की सोच न केवल उसे प्रसन्न बनाए रखती है, बल्कि वह जीवन की सरसता के नित्य नए-नए स्रोत भी बनाती रहती है। जहां वह सबके काम आती है, वहीं उसके स्वयं के भी कई काम घर बैठे ही हो जाते हैं। वास्तव में हम कितनी सामाजिक हैं, इसका पता तब लगता है, जब हम दूसरों के हितों का ख्याल रखती हैं। दूसरे लोग हमारे लिए कितने समर्पित-भाव से पेश आते हैं। यह सोचना कि मिलने-बैठने में परेशानियां बढ़ेंगी, न तो उचित ही है और न तर्क संगत ही। इसलिए सामाजिकता का परिचय देने के लिए मिलना-बैठना एक सामान्य व्यवहार है। सामाजिक होने का यह अर्थ बिलकुल नहीं कि आप जब चाहें, जिस स्थान पर बिना बुलाए रोज़-रोज़ 'सेवा' के लिए अथवा 'टाइम पास' के लिए पहुंच जाएं और बात-बात में अपनी संपन्नता प्रगतिशील अथवा बुद्धिमान होने का परिचय दें। दूसरों की हीनता उछालें, दूसरों की कमज़ोरियों को जानें अथवा दूसरों के निजी मामलों में हस्तक्षेप कर अपनी सलाह दें।

आप चाहे कोठी में रहती हों अथवा कालोनी के किसी फ्लैट में, मुहल्ले में। पड़ोस में आपकी चाहे कितनी ही

घनिष्ठता क्यों न हो, आपके संबंध चाहे कितने ही घरोंपा वाले क्यों न हों, दूसरों के घर अथवा मुहल्ले-पड़ोस में बिना बुलाए न जाएं। किसी के घर जाने से पहले यह सोच लें कि आपके उस घर में जाने से किसी को कोई कठिनाई अथवा बाधा तो नहीं होगी। किसी के काम में व्यवधान तो उत्पन्न नहीं होगा। उन्हें कोई असुविधा तो नहीं होगी। यह उनके खाने, सोने अथवा पढ़ने, पढ़ाने का समय तो नहीं। यदि आप यह जानती हैं कि इस समय उन्हें कोई-न-कोई असुविधा अवश्य होगी, तो आप वहां न जाएं। यदि आप समझती हैं कि आपके वहां जाने से दूसरों को प्रसन्नता होगी, तो ही आप जाएं। अच्छा हो यदि आप जाने से पहले उन्हें अपने आने की सूचना दे दें। यह सूचना फोन पर भी दी जा सकती है। इस सूचना के साथ ही उनसे यह भी पूछ लें कि इस समय में उन्हें अन्य कोई आवश्यक काम तो नहीं है, इस बीच उनके घर कोई और तो नहीं आ रहा, इस समय में उनका कहीं और जाने का प्रोग्राम तो निर्धारित नहीं है? यदि हां, तो आप इस समय को टाल दें और विकल्प के रूप में अन्य कोई समय ले लें। अच्छा हो, यदि आप यह भी बता दें कि आप कितने लोगों के साथ आ रही हैं। इस प्रकार की सूचना जहां आपके मेज़बान सहकर्मी अथवा पड़ोस के लिए उन्हें मानसिक रूप से तैयार करेगी, वहीं वे आपकी प्रतिष्ठा के अनुकूल मान-सम्मान देकर आपका स्वागत-सत्कार कर सकेंगे। सूचना के अभाव में यह भी हो सकता है कि आप जब मेजबान अथवा पड़ोसी के घर पहुंचे, तो वहां दरवाजे पर

लगा अलीगढ़ का ताला आपका मजाक उड़ाए। यह भी हो सकता है कि जहां आप जा रही हैं, उनके घर पहले से मेहमानों का जमघट लगा हो। ऐसे में भला कोई आपको कैसे 'अटेंड' कर सकेगा। यह भी हो सकता है कि घर का नौकर आपको बताए कि मैडम अस्पताल में किसी स्वजन को देखने के लिए गई हैं। शाम तक आएंगी। इससे जहां आपका समय बेकार जाएगा, वहीं आपका स्वागत न कर पाने का अपराध भाव भी आपके स्वजन को होगा, हालांकि वह इसके लिए कहीं दोषी नहीं है।

सुबह, भरी दोपहर को अथवा देर रात गए, पूजा-व्रत के समय दूसरों के घर मिलने-बैठने न जाएं। ऐसे किसी मिलने-बैठने में छोटे बच्चों को भी साथ न ले जाएं, जो कहीं भी 'गीला' कर देते हैं। यदि ऐसे छोटे बच्चों को साथ ले जाना आवश्यक हो, तो अपने साथ पर्याप्त मात्रा में 'नेपकिन' रखें। उसके दूध की बोतल भी साथ रखें। यदि बच्चा कुछ बड़ा है, तो उसकी क्रियाओं पर भी नज़र रखें। ऐसा न हो कि महंगा शो-पीस अथवा फूलदान धूल खा रहा हो और आप केवल 'सॉरी' कह कर रह जाएं।

''बहन जी, आपको क्या बताऊं यह इतना शैतान है कि घर में भी कोई चीज छोड़ता ही नहीं...। आपने भी तो इसे सामने टेबल पर रख छोड़ा है, बच्चा है...। आखिर बच्चे शैतानी नहीं करेंगे, तो क्या हम और आप शैतानी करेंगे... आपको अपनी वस्तुएं संभालकर रखनी चाहिए थी, खैर सॉरी...।'' ऐसा व्यवहार कर आप मुहल्ले, पड़ोस में अपनी क्या छवि बनाना चाहती हैं और आपकी क्या छवि बनेगी।

जब भी महिलाएं एक-दूसरे के घर मिलने-बैठने जाती हैं, तो बातचीत का विषय परनिन्दा, आत्म-प्रशंसा, अपनी भाग्यहीनता का रोना, सास-जेठानी की निन्दा, अपनी आर्थिक संपन्नता का रोना, दूसरों की सफलताओं पर आंसू बहाना, दूसरों की प्रगति को कोसना, दूसरों के युवा लड़के-लड़कियों के आपसी संबंधों पर टीका-टिप्पणी करना होता है। यदि लड़की नवविवाहिता हुई, तो अपने मायके की प्रशंसा में ज़मीन-आसमान एक कर देगी। इस प्रकार के आचरण आप की सामाजिकता पर प्रश्नचिन्ह लगाते हैं, बल्कि ऐसे में आपकी सामाजिक प्रतिष्ठा पर प्रतिकूल प्रभाव पड़ता है। यदि आप कामकाजी हैं, तो संस्थान के पुरुष सहकर्मियों के व्यवहारों की निन्दा न करें और अपने आचरण को ऐसा बनाएं कि आप इन सब प्रकार के व्यवहारों से बची रहें। इनके स्थान पर आप दूसरों की सफलताओं, प्रगति, गुणों और अच्छे आचरण की प्रशंसा करें। चर्चा करें। अपनी बातचीत को कहीं भी असंतुलित न होने दें। अपनी बातचीत का दायरा स्नेह, सहयोग और परस्पर विश्वास तक सीमित रखें। अपनी वाणी में भी स्नेह मधुरता और शालीनता लाएं। कम बोलें, मधुर बोलें। यह सोच लें कि मुझे न किसी की निन्दा करनी है और न उसमें रुचि लेनी है। बस इतना-सा गुरुमंत्र ही काफ़ी है। आपने जब इस आदर्श को अपना लिया, तो आपके पास पर्याप्त समय बच जाएगा और आपकी सामाजिक प्रतिष्ठा भी बढ़ जाएगी। साथ ही आप अनावश्यक विवादों से बच जाएंगी। आपके पास व्यर्थ बातों के लिए कोई न आएगा और इससे आपके समय की बड़ी बचत होगी। बचे हुए अपने इस समय का उपयोग घर के अन्य कार्यों को पूरा करने में लगाएं।

जहां तक हो दूसरों की कठिनाइयों, परेशानियों को अपने स्तर पर ही हल करें। दूसरों को बड़े-बड़े आश्वासन न दें। किसी भी काम को करने की जिम्मेदारी अपने ऊपर तभी लें, जब आप वह काम कर सकती हों। केवल दूसरों के सहारे किसी को आश्वासन न दें।

अपने और दूसरों से बड़ी-बड़ी अपेक्षाएं न करें। यदि आपको कोई सहयोग नहीं कर रहा है, आपकी सहायता नहीं कर रहा है, तो इसके लिए मन में व्यर्थ की प्रतिशोधी भावनाएं न लाएं। हो सकता है, उसकी अपनी कोई कमजोरी अथवा मजबूरी हो। दूसरों से मन चाहा व्यवहार न मिलने पर उन्हें खरी-खोटी सुनाना, किए हुए अहसानों को याद दिलाना आदि ऐसे व्यवहार हैं, जो आपकी प्रतिष्ठा कम करते हैं।

अपने समय का सर्वोत्तम सदुपयोग करें। आप अपने साधनों, क्षमताओं के अनुसार ही कार्य करें। समाज के ऐसे लोगों से जुड़ें, जो किसी-न-किसी रूप में समाज कल्याण के किसी कार्य में संलग्न हैं। अपने स्तर पर ऐसी संस्थाओं से जुड़कर अपनी ओर से उन्हें समय और सहायता दें।

ध्यान रखें कि लोग आपसे कुछ अपेक्षाएं रखते हैं, इसलिए उन लोगों की अपेक्षाओं के अनुरूप उन्हें सहायता व सहयोग अवश्य दें। ऐसे लोगों को अपने स्तर पर सामाजिक प्रतिष्ठा भी दें, जो आपकी सफलताओं के लिए सहयोग कर रहे हैं। परिवार में यदि आपकी जेठानी, सास अथवा ननद

आपके कार्यों में सहयोग करती हैं, तो उनके प्रति भी धन्यवाद प्रकट करें।

समाज में उन व्यक्तियों का पूरा-पूरा सम्मान करें, जो आपके आसपास रहते हैं, जो आपके दैनिक कार्यों में सहयोग करते हैं। घर का नौकर, काम वाली, धोबी, शिक्षक, आपके अधीनस्थ कर्मचारी, बस का कंडक्टर, रिक्शेवाला, सब्जी वाला सभी प्रतिष्ठा के योग्य हैं। वे अपनी रोजी मेहनत से कमाकर खाते हैं। इसलिए ऐसे लोगों की भावनाओं का भी सम्मान करें। इन्हें 'आप' और 'जी' कहकर संबोधन दें। हर व्यक्ति की इज्जत होती है और वह अपनी इस इज्जत को कहीं भी दांव पर नहीं लगाना चाहता। इसलिए काम के दौरान कभी भी कोई ऐसी बात न कहें जिससे उनका दिल दुखे।

प्रथम परिचय में ही आप दूसरों का दिल जीतें। इसके लिए आवश्यक है कि आपकी वाणी में स्नेह, मधुरता सौम्यता और शालीनता-भरी हो। बड़ों का आशीर्वाद लेने के लिए पैर छू कर पहल करें। इससे जहां आपमें नम्रता आएगी, वहीं दूसरों के दिल में स्थान भी मिलेगा।

ताने मारना, व्यंग्य करना, अपनी हीनता प्रकट करना, दूसरों से हमदर्दी लेने के लिए चापलूसी करना आपको कहीं भी प्रतिष्ठा नहीं दिलाता, इसलिए ऐसे व्यवहारों से बचें।

अपने पैसे में से कुछ-न-कुछ सामाजिक संस्थाओं को अवश्य दें। आप चाहे किसी भी धर्म को मानती हों, अपने हाथों से सामाजिक संस्थाओं को दान दें। यह दान यदि वस्तु के रूप में हो, तो और भी अच्छा है। दान हमेशा पात्र को ही दें। केवल भावनाओं के आवेश में आकर दान देना उचित नहीं।

सामाजिकता एक गुण है, मिल-बैठकर आप इस गुण को संबंधों का आधार बनाती हैं। सौजन्यता और शिष्टता से अपने सामाजिक होने का परिचय दें। वास्तव में इस प्रकार का आचरण जहां आपको अपने मित्रों, शुभचिन्तकों में लोकप्रिय बनाएगा, वहीं आपके मित्रों शुभचिन्तकों की संख्या भी बढ़ेगी। ऐसे सामाजिक लोग ही एक दूसरे के प्रति समर्पित और सेवाभाव से जुड़ेंगे। आप समाज के प्रति कितने समर्पण भाव से जुड़ी हैं, यही आपकी सामाजिकता का प्रमाण है।

आपकी सामाजिकता इस बात पर निर्भर करती है कि आप घर के बाहर कितनी लोकप्रिय हैं। लोकप्रियता भी सस्ती न हो। सफल, प्रभावी और सुघड़ व्यक्तित्व ही आपकी सामाजिकता को प्रभावित करता है। परिवार के प्रति समर्पित होकर समाज से जुड़ें। आपका पारिवारिक रिश्ता चाहे बहू से हो अथवा सास से, देवरानी से हो अथवा जिठानी से, आप ननद हों या साली, पड़ोस में हों अथवा संस्थान में, आप अपनों की नजरों के साथ-साथ दूसरों की नजरों में सम्मानित एवं प्रतिष्ठित बनें।

सास के रूप में

यदि आप सास हैं, तो बहू के मन की युवा भावनाओं का सम्मान कर उन दिनों की रंगीन कल्पनाओं को स्मरण करें, जो कभी आपके मन में थीं। बहू के मन में संजोई रंगीन कल्पनाओं को मूर्त्त रूप देने में बहू का साथ दें। बहू की परम शुभचिन्तक बन उसे मां जैसा स्नेह दें। बहू से बड़ी-बड़ी अपेक्षाएं न करके उसे स्नेहिल आत्मीयता दें। उसे कुल वधू का सम्मान देकर गौरव का अनुभव करें। आपने दुनिया देखी है, अपने अनुभवों को बहू को विरासत के रूप में दें। अपने आदर्श अथवा अनुभवों को बहू पर लादने की सोच न पालें। बहू के कार्यों, व्यवहारों की प्रशंसा करें, उसके बदले मन में अपने लिए उसी प्रकार की मान-प्रतिष्ठा की आशा करें।

इस बात को मन से निकाल दें कि बहू आपके घर को संभाल नहीं सकेगी। वास्तव में इस प्रकार की धारणा ही आपको बहू के प्रति अविश्वासी भावनाओं से ग्रसित करती है और अविश्वास का यह एक अंकुर ही परिवार पर सास-बहू के संबंधों पर काली छाया बनकर मंडराता है। अतः अपनी सोच को इस प्रकार के भावों, विचारों से मुक्त रखें। विश्वास रखें और अपने विश्वास को पूरा होते देखें। सामाजिक जीवन में संपर्क में आने वाले प्रत्येक व्यक्ति के बारे में किसी प्रकार के पूर्वाग्रह न बनाएं।

बहू के रूप में

बहू की सुघड़ता का मापदंड उसका ससुराल में स्थान बनाना है। बहू को ससुराल के प्रति समर्पित भाव से जुड़ना चाहिए। वास्तव में उसकी सामाजिकता की यह प्रथम पाठशाला है। इसके लिए आवश्यक है कि वह अपने मायके पक्ष के प्रभाव, संपन्नता अथवा उच्चता पर न इतराएं और न ही 'हमारे वहां तो...।' के सपनों में खोई रहें। मायके पक्ष की उच्चता का यह प्रदर्शन ससुराल पक्ष की हीनताओं को उछालने वाला

व्यवहार है, जो आपकी सामाजिकता को पंगु बनाता है। सास-बहू में तनाव का कारण बनता है। घर की साज-सज्जा, सफाई, गृह कार्य में निपुणता, रसोई घर से जुड़ाव आदि ऐसे व्यवहार हैं, जो बहू की सामाजिक लोकप्रियता को प्रभावित करते हैं। सह कुटुम्बियों में बहू की मान-प्रतिष्ठा बढ़ाते हैं। 'अमुक की बहू बड़ी सुघड़ है...' का मान दिलाते हैं।

जिठानी-देवरानी

परिवार चाहे छोटा हो अथवा बड़ा, संयुक्त हो अथवा एकल, देवरानी-जिठानी के आपसी सम्बंध सामाजिकता को प्रभावित करते हैं। एक-दूसरे को बड़ी बहन-छोटी बहन के समान रहना चाहिए और एक-दूसरे की भावनाओं का सम्मान कर परस्पर जुड़ाव के व्यवहार को ही मान्यता व प्रतिष्ठा देनी चाहिए। एक-दूसरे की अनुपस्थिति में अथवा प्रसूतावस्था में अथवा बीमारी की स्थिति में परिवार की जिम्मेदारियों का निर्वाह कुछ इस प्रकार से करना चाहिए कि दोनों के मन में एक दूसरे के प्रति सम्मान बढ़े। एक-दूसरे के बच्चों को अपना बच्चा समझकर उन्हें पूरा-पूरा स्नेह, संरक्षण और सुरक्षा प्रदान करें। सामाजिक अथवा पारिवारिक त्योहारों, उत्सवों, पर्वों पर एक-दूसरे को मान-सम्मान देकर रीति-नीतियों के अनुसार परस्पर नेग देकर अपनी भावनाओं की अभिव्यक्ति करें। श्रवण, गणगौर, हरियाली तीज आदि ऐसे अनेक अवसर आते हैं, जिनमें आप इस प्रकार के उपहार एक-दूसरे को देकर उनके दिल में स्थान बना सकती हैं। केवल इतना ही नहीं बल्कि विवाह की वर्षगांठ के अवसर पर अथवा अन्य किसी अवसर पर अपने बड़प्पन का प्रदर्शन करें और देवरानी-जिठानी से जुड़ें। करवाचौथ के व्रत के अवसर पर दिया जाने वाला 'वया' (भावनात्मक स्नेहिल भेंट) बहुएं सास के बाद जिठानी को ही देती हैं। आशय यह है कि आप ऐसे किसी भी अवसर पर अपनी भावनाओं का प्रदर्शन करें और अपने सामाजिक होने का परिचय दें।

केवल देवरानी-जिठानी ही नहीं बल्कि ननद, ननदोई, जेठ, देवर, भाभी आदि ऐसे अनेक रिश्ते हैं, जो आपकी सुघड़ता से पारिवारिक और सामाजिक जीवन को सुखद और समृद्धशाली बनाते हैं। इन सभी रिश्तों के प्रति आपकी प्रतिबद्धता निर्धारित और मर्यादित होनी चाहिए। इन सब सह-कुटुम्बियों के प्रति आपके सामाजिक दायित्व हैं। इनसे संबंधों का निर्वाह करना ही आपकी सामाजिकता है। अतः इन सबकी पसंद-नापसंद का ख्याल रखते हुए उनसे अपने संबंध मधुर बनाएं।

पड़ोसी

आपकी सामाजिकता की परख सबसे पहले पड़ोसी ही करते हैं, इसलिए मकान चाहे किराए का हो अथवा घर का, सबसे पहले यह देखा जाता है कि पड़ोस कैसा है? पड़ोसी के बारे में कहा जाता है कि मौसी से पहले पड़ौसी काम आता है। अच्छे अथवा बुरे समय में सबसे पहले पड़ोसी ही काम आते हैं। पड़ोसी से अच्छे अथवा बुरे संबंध इस बात को प्रमाणित करते हैं कि आप कितनी सामाजिक हैं? इसलिए पड़ोसियों के प्रति हमेशा उदार, सहिष्णु, नम्र और सहयोगी रहें। इसके लिए आपको यह करना चाहिए—

- पड़ोसी की अनुपस्थिति में उनके घर आए मेहमानों का ख्याल रखें, उन्हें पूरी-पूरी सहायता एवं सहयोग दें।
- जब पड़ोसी किसी आवश्यक कार्य से बाहर गए हों अथवा पर्यटन आदि पर गए हों, तो उनके पालतू कुत्ते, बिल्ली, तोते आदि की देखभाल की जिम्मेदारी स्वयं लें। घर में लगे पेड़, पौधों को न सूखने दें। उनकी रखवाली स्वयं करें।
- यदि संभव हो, तो दिन अथवा रात में भी उनके घर की रखवाली स्वयं करें और मकान पर नजर रखें। आपके फोन पर पड़ोसी को किसी ने बुलाया हो अथवा कोई संदेश दिया, हो तो आप उसे इस संदेश की सूचना तत्काल दें।
- पड़ोसी से आपकी चाहे कितनी भी निकटता अथवा घनिष्ठता क्यों न हो। 'घरोपा' पालने में अति उत्साह का परिचय न दें। बिना बुलाए अथवा चाहे जब पड़ोसी के घर न जाएं। न ही पड़ोसी के घर आए-गए लोगों का हिसाब रखें।
- पड़ोसी से अथवा अपने सामाजिक परिचय क्षेत्र से मांगकर अपनी आवश्यकताएं पूरी न करें। यदि कभी विषम परिस्थिति में आपको किसी से कुछ मांगना भी पड़ता है, तो उसकी देनदारी का भी उतना ही ख्याल रखें। इस विषय में आपकी गंभीरता ही आपकी सामाजिकता को प्रभावित करेगी।

- सामाजिकता से हमारा आशय केवल इतना ही है कि आप अपने पारिवारिक, सामाजिक और कामकाजी जीवन में मानसिक रूप से कुछ इस प्रकार से जुड़ें कि आपके सहकर्मी, सह-कुटुम्बी, पड़ोसी आपके स्नेह, सहयोग, सहायता और सौहार्दता से वंचित न रह पाएं। प्रत्युत्तर में भी आपको उन से इसी प्रकार का व्यवहार मिले, वह भी बड़े उत्साह के साथ।
- मायके और ससुराल में स्नेह-सेतु बनें। किसी भी प्रकार की गलतफहमी अथवा भ्रामक सोच को अपने स्तर पर विकसित न होने दें। सामाजिक और पारिवारिक रिश्तों का निर्वाह सम्मानजनक ढंग से करें।
- अपने से बड़ों के अहम की संतुष्टि के लिए उनके प्रति अपने आदर की अभिव्यक्ति 'चरण छू कर' करें।
- अपने बड़प्पन, संपन्नता पर इतराने की सोच मन में कभी न लाएं। इस प्रकार की सोच आपको अकेला बनाती है।
- विवाह अथवा सामाजिक उत्सवों में बढ़-चढ़कर हिस्सा लेकर दूसरों की खुशियों को बढ़ाएं।
- अपने निकट संबंधियों की सफलताओं पर उन्हें बधाई अवश्य दें। नए साल, दीपावली पर अथवा जन्म दिन पर उन्हें बधाई-कार्ड अवश्य भेजें। इसी प्रकार से शोक के समाचार मिलने पर शोक-पत्र अवश्य भेजें।
- संस्थान अथवा सामाजिक समारोहों में लोगों से मिल कर उनसे बातचीत कर 'मिक्स अप' होने या जुड़ने के प्रयास करें।
- अपनी किसी विवशता के लिए क्षमा याचना करें। नियत स्थान या समारोह में शामिल न हो पाने की स्थिति को स्पष्ट करें, साथ ही इस प्रकार के स्पष्टीकरण के लिए मन में कोई हीनता न लाएं, बल्कि इसे एक स्वाभाविक, सामाजिक व्यवहार ही मानें।
- गली, मुहल्ले अथवा कालोनी में हो रहे सामाजिक कार्यों में उत्साह के साथ भाग लें। ऐसे कार्यों में अपनी ओर से आर्थिक सहयोग दें। सकारात्मक पहल करें और उसके लिए कुछ समय भी निकालें।

सामाजिक सोच का यह व्यवहार घर और बाहर एक सा होना चाहिए, ताकि आपके ये सामाजिक संस्कार आपके परिवार में भी दिखाई दें।

अध्याय 3

जब आप अकेली हों

घर हो या बाहर, कभी-कभी अकेले रहना ही पड़ता है और इस अकेलेपन में कुछ ऐसी विषम परिस्थितयां निर्मित हो जाती हैं, जिसमें आप यदि विवेक, सूझ-बूझ, साहस और धैर्य से काम न लें, तो बात बिगड़ सकती है। जोखिम-भरे इन क्षणों में रोने, गिड़गिड़ाने से अथवा हीनता-भरे आंसू बहाने से समस्या हल नहीं होती। शेर को सामने खड़ा देखकर आंखें बंद कर लेने से शेर अदृश्य नहीं हो जाता। अपनी सुरक्षा तो आपको ही करनी है।

महानगरों में ही नहीं, बल्कि छोटे शहरों और कसबों में भी महिलाओं पर होने वाले अत्याचार, अपहरण, बलात्कार, ठगी, यौन शोषण, छेड़छाड़ आदि की घटनाओं में लगातार वृद्धि हो रही है। शासन-प्रशासन के लिए यह गंभीर चिंता का विषय है और यही कारण है कि इस दिशा में निरंतर नए-नए प्रयास हो रहे हैं। विशेष बात तो यह है कि अब घरों में भी महिलाएं सुरक्षित नहीं हैं। दिल्ली में महिलाओं से संबंधित अपराधों के एक सर्वेक्षण में यह बात खुलकर सामने आई है कि महिलाओं पर होने वाली अधिकांश आपराधिक घटनाओं में बाहरी लोगों की अपेक्षा उनके घर के अथवा निकट संबंधियों ने ही उन्हें अपना शिकार बनाया।

इस पूरी समस्या के परिप्रेक्ष्य में गृहिणी को अपनी सुरक्षा के लिए एक व्यावहारिक सोच अपनानी चाहिए। महानगरों में जहां आवासीय कालोनियों की संख्या दिनोंदिन बढ़ती जा रही है, शहरों में भी महिलाओं को देर रात तक, दोपहर में, घर में अकेला रहना पड़ता है, अकेले आना-जाना पड़ता है, वहां उनकी सुरक्षा संबंधी समस्या बढ़ती जा रही है। पुरुषों के काम पर चले जाने के बाद अकेली महिलाओं को कितनी कठिनाइयों का सामना करना पड़ता है, यह तो केवल वे ही जानती हैं, जिन्हें अकेलेपन की इस त्रासदी से गुजरना पड़ता है। कभी-कभी तो उन्हें आत्म-सुरक्षा के लिए अपना पूरा-पूरा दिन दूसरों के घर में काटना पड़ता है। जबकि यह उनकी समस्या का समाधान नहीं। क्योंकि अकेलेपन की इस अवधि में काम वाली भी आती-जाती है। पेपर वाला, पोस्टमैन, बिजली वाला, यहां तक कि दुकान अथवा संस्थान से भी पुरुषों का घर में आना-जाना लगा ही रहता है। कभी तो इनके वेश में ही आपराधिक तत्व घर में प्रवेश पा जाते हैं और इस प्रकार से महिलाओं को कई प्रकार के हादसों से गुजरना पड़ता है। घर के नौकर ही लूटमार की वारदातें या चोरी, अपहरण, बलात्कार आदि की घटनाएं कर जाते हैं। दिल्ली में हर साल इस प्रकार की दस-बीस घटनाएं केवल नौकरों द्वारा ही की जाती हैं। वृद्ध दंपती तो हमेशा नौकरों की आंख का निशाना बनते हैं। आए दिन कभी फोन ठीक करने के बहाने, कभी किसी और बहाने से अपराधी तत्व घर में प्रवेश कर जाते हैं और अकेली महिलाओं को डरा-धमका कर वारदात कर जाते हैं। महानगरों में घटित अकेली औरतों के साथ इस प्रकार की घटनाओं के परिप्रेक्ष्य में इतना अवश्य है कि यदि महिलाएं कुछ सावधानी बरतती हैं, तो इस प्रकार की घटनाएं टल सकती हैं। अतः इस संदर्भ में आपको भी दूसरों से कुछ सीख लेने की सोच पालनी चाहिए और अपनी स्थिति का मूल्यांकन स्वयं करना चाहिए। संयुक्त परिवार प्रथा के टूटने के बाद परिवार का स्तर इतना छोटा होता जा

रहा है कि उसमें इस प्रकार की प्रवृत्तियां आने लगी हैं। इस विषय में अधिक अच्छा तो यही होगा कि आप अपने साथ परिवार के ऐसे सदस्यों को रखें, जिन्हें आपकी आवश्यकता है अथवा जो आपकी आवश्यकताओं को पूरा करते हों। गांव से आए किसी निकट कुटुंबी के बच्चे को अपने पास रखें, सास-श्वसुर अथवा वृद्ध मां-बाप को अपने साथ रखें। इस प्रकार से इन सदस्यों द्वारा जहां आपकी सुरक्षा बढ़ेगी, वहीं आप अपने परिवार के प्रति समर्पित होंगी।

इस संबंध में बहुत-सी गृहिणियों का मत है कि इस समस्या के समाधान के लिए हमें स्वयं ही विवेक संगत आचरण करना चाहिए और अपनी सुरक्षा के लिए निरन्तर जागरूक और सतर्क रहना चाहिए, क्योंकि हमारी जरा-सी

असावधानी ही दुर्घटना का कारण बन सकती है। लोग हमारी कमजोरी का लाभ उठा सकते हैं।

घर में आने वाले प्रत्येक पुरुष को तब तक अंदर न आने दें, जब तक कि आप उसके बारे में आश्वस्त न हो जाएं। अति उत्साह अथवा उत्सुकता से एकदम दरवाजा न खोलें और न ही किसी को एकदम अंदर आने दें। अच्छा हो, यदि आप 'डोर आई' से पहले बाहर खड़े व्यक्ति को देख लें। अनजान व्यक्ति के साथ खिड़की, बालकनी अथवा जाली आदि में से होकर बात करें। ऐसा कोई अनजान व्यक्ति घर के अंदर अथवा बाहर आ ही जाए, तो तुरन्त पड़ोस से किसी महिला अथवा बच्चे को बुला लें और तभी बातचीत करें।

21

अपने नौकर को विशेषकर नए नौकर को तब तक अकेला छोड़कर न जाएं, जब तक कि आप उसके प्रति पूरी तरह आश्वस्त न हों। यदि आप देखती हैं कि नौकर का आचरण कहीं भी संदेहजन्य अथवा संदिग्ध है, तो उसे घर में अकेला न छोड़ें। अपने नौकर को विशेषकर बाहर से शहर में आकर बसे नौकर को पड़ोस के अन्य नौकरों के साथ मिलने-बैठने, दोस्ती बढ़ाने की छूट न दें।

घरेलू नौकरों के साथ ऐसा व्यवहार न करें, जिससे उनमें प्रतिशोधी भावनाएं भड़कें और वे हिंसक हो जाएं। अकेलेपन में लूट-मार की अस्सी प्रतिशत घटनाओं में अप्रत्यक्ष अथवा प्रत्यक्ष रूप से घरेलू नौकरों का हाथ अवश्य होता है। क्योंकि वे आपकी कमजोरियों से परिचित हो जाते हैं और इन कमजोरियों का लाभ उठाते हैं। इसलिए नौकरों को कुछ इस प्रकार से रखें कि उन पर नैतिक दबाव बना रहे। जैसे नौकर को किसी माध्यम से रखा जाए, उसका परिचय प्राप्त कर लिया जाए। उसकी पूरी-पूरी सूचना प्राप्त कर ली जाए। यहां तक कि उसका फोटो, पता, माता-पिता और घर के बारे में भी पूरी तरह से आश्वस्त हो लें।

यदि आप गांव अथवा कसबे से शहर में आए हैं, स्थायी हो गए हैं, तो अपने गांव या कसबे से किसी ऐसे व्यक्ति अथवा जरूरतमंद लड़के-लड़की को या वृद्ध को अपने पास रखें, जिसे आपके सहारे की आवश्यकता हो अथवा जो आपके लिए सहारा बन सके। अप्रत्यक्ष रूप से यह आपकी सुरक्षा में सहायक होगा। गांव से किसी बेसहारा महिला को भी आप सहारा दे सकती हैं।

यदि आपका दोपहर का अधिकांश समय खाली व्यतीत होता है और आपको असुरक्षा का भय बना रहता है, तो आप अपने घर में एक कमरा हॉबी सेंटर खोलकर उसका उपयोग करें। चाइल्ड केयर सेंटर, कुकिंग क्लासेज, सिलाई-कढ़ाई केन्द्र, फैशन डिजाइनिंग केन्द्र, ब्यूटी पार्लर या ऐसी ही अन्य कोई संस्था या केन्द्र चलाएं। इससे जहां आपके यहां हमेशा कोई-न-कोई आता-जाता रहेगा, वरन् आपके अकेलेपन की समस्या समाप्त होगी और आप व्यस्त भी रहेंगी। आय तो कुछ-न-कुछ होगी ही। इस प्रकार की व्यावहारिक सोच अपना कर आप अपने अकेलेपन की समस्या से मुक्त हो सकती हैं।

यदि आप इस प्रकार का कोई केन्द्र नहीं चला सकतीं, तो अपने आस-पास चल रहे किसी ऐसे ही केन्द्र पर जाकर उसमें सहयोग कर सकती हैं। उसमें दाखिला ले सकती हैं। उस संस्था अथवा केन्द्र से जुड़कर अपनी प्रतिभा बढ़ा सकती हैं। अपने समय का सदुपयोग कर सकती हैं। अपनी नई सोच का परिचय देकर उसे विस्तार दे सकती हैं। उसमें कुछ नया जोड़ सकती हैं। इससे जहां आपकी अकेलेपन की समस्या हल होगी, वहीं आप हमेशा सुरक्षित अनुभव करेंगी। अपनी विषम परिस्थितियों से समन्वय कर समझौतावादी सोच अपनाएं। सारी दोपहर तो आप अंदर ताले में बंद बैठ नहीं सकतीं, फिर अंदर ताले में भी आप कहां तक सुरक्षित रहेंगी? ताले तो शरीफों के लिए होते हैं, चोर-डाकुओं के लिए नहीं।

यदि आप उचित समझें और आपके पास साधन और सुविधा हो, तो इस समस्या के समाधान के लिए घर में कुत्ता पालें। यद्यपि यह एक कठिन काम है, लेकिन सुरक्षा के लिए इसका अपना महत्त्व है। छोटे-मोटे चोर उचक्के तो कुत्ते के होते हुए साहस ही नहीं कर पाते। इसके अतिरिक्त अपने मकान अथवा कोठी का मुख्य द्वार हमेशा बंद रखें और आने वाले की आहट आवाज अथवा घंटी पर ही दरवाजा खोलें। यदि आप बिलकुल अकेली हैं, दोपहर अथवा रात का समय है और आप यह समझती हैं कि आने वाला व्यक्ति सही नहीं है, अपरिचित है, तो दरवाजा न खोलें और अंदर ही कुछ ऐसा बोल दें, जिससे आपकी बात बन जाए। ऐसे व्यक्ति से यदि आप पीछा न छुड़ा पाएं, तो उसे बाहर बैठने के लिए कहें और इस बीच आप अपनी सुरक्षा की तरकीब सोच लें। फोन करके किसी को बुला लें। पिछले दरवाजे से बाहर चली जाएं आदि। यदि मामला अति गंभीर हो, तो पुलिस को फोन कर दें। ऐसे समय में जो आप उचित समझें वह करें। छत पर चली जाएं और आसपास जो भी आपको दिखाई दे, उसे ही बुला लें। कहते हैं कि डूबते को तिनके का सहारा ही काफ़ी होता है। ऐसे में यदि आप छत पर जाकर जोर-जोर से 'राजू राजू।' कह कर किसी को भी बुलाएं, तो भी आपका काम बन सकता है, चाहे राजू नाम का कोई व्यक्ति वहां रहता ही न हो। आशय यह है कि आप अपने विवेक से इन तिनकों को ढूंढ़ें। निश्चय ही ये तिनके सहारा बनेंगे। आपको पूरा-पूरा संरक्षण देंगे। यदि पुलिस का बुलाना संभव न हो, तो

पड़ोस में किसी भी ऐसे व्यक्ति को फोन करके बुला लें, जिसका नम्बर आपके पास हो। इस पूरे संदर्भ में यह जानें कि उपचार की अपेक्षा सतर्कता ही उचित समाधान होता है, इसलिए अकेली होने के इन खतरों को हमेशा ध्यान में रखें। क्योंकि जानबूझ कर किसी समस्या के प्रति अनजान बने रहना उस समस्या का हल नहीं और न ही इससे कोई समस्या हल होती है। हां, इससे आप जगहंसाई की पात्र अवश्य बनती हैं।

''अरे, जब तुम अकेली थी, तो खतरा मोल लेने की क्या आवश्यकता थी? सुनीता को ही बुला लिया होता...। मैं कौन-सी दूर थी...। फोन ही कर लिया होता...। लाला जी तो हमेशा घर में रहते हैं...। उन्हें ही कह दिया होता...। बहादुर तो हमारा विश्वासपात्र नौकर है...। उसके रहते हुए किसी की क्या मजाल...। चिड़िया भी पंख मार जाए...।''

आशय यह है जानबूझ कर खतरा मोल न लें और न ही अति उत्साह अथवा प्रगतिशील बनने की सोच पालें। अपनी सोच को व्यावहारिक बनाएं। साहस और विवेक के साथ विषम परिस्थितियों का सामना करें। अपने अस्तित्व और अपनी अस्मिता की सुरक्षा के लिए दूसरों का सहारा लेना ही पड़ता है। इसमें संकोच किस बात का?

अकेलेपन की इस समस्या के समाधान के लिए हमेशा 'अच्छा सोचें और बुरे के लिए तैयार रहें' की सोच अपनाएं। तैयार रहने की यह सोच ही आपकी समस्या का समाधान है। इस प्रकार की सोच से ही आप सदैव सुरक्षित, संरक्षित और निरापद अनुभव करेंगी।

सिनेमाई संस्कृति और ग्लैमर-भरी जिन्दगी जीने की चाह ने महिलाओं की सुरक्षा को सबसे अधिक प्रभावित किया है। घर के बाहर तो असामाजिक तत्वों से महिलाओं की सुरक्षा बढ़ी है। इस संबंध में कानून और व्यवस्था संबंधी अनेक प्रयास भी किए गए हैं। महिलाएं स्वयं भी अपनी सुरक्षा और इनके संभावित खतरों के प्रति सतर्क हुई हैं। कानून का शिकंजा भी कसा है। लेकिन इस विषय में एक बात और जो उभर कर सामने आई है, कि घर के अंदर भी महिलाएं सुरक्षित नहीं हैं।

'अपनों से बढ़ रहे खतरों से महिलाओं को सावधान रहने की सलाह' और 'अपनों से ही असुरक्षित हैं अधिकांश महिलाएं' जैसी चेतावनियां और अखबारी सुर्खियां समाचार पत्र-पत्रिकाओं में प्रकाशित होती रहती हैं।

आंकड़ों से यह बात साबित हो चुकी है कि बलात्कार संबंधी मामलों में पीड़ित महिलाओं के निकट संबंधी और उनके तथाकथित अपने ही परिचित दोषी पाए गए हैं। हत्या आत्महत्या अथवा अन्य कारणों से प्रताड़ित होने वाली महिलाओं में अधिकांश की शिकायतें हमेशा अपनों से ही रहती हैं और ये अपराध करने वाले भी और कोई नहीं उनके अपने पति, सास, जिठानी के, दूर के रिश्तेदार, जीजा, ननदोई, मुंह बोले भाई आदि ही होते हैं। इस प्रकार से असुरक्षा का सबसे बड़ा खतरा उन्हें अपने इन्हीं आस्तीन के सांपों से ही रहता है। अपनों से सुरक्षित रखने की एक नई सोच महिलाओं को अपनानी होगी। इस प्रकार की सोच ही जहां उन्हें अपनों से सुरक्षित रख पाएगी, वहीं वे खतरों से भी बच सकेंगी।

करीबी रिश्तेदारों के ये विश्वासघात, घर की लड़कियों को जिन्दगी-भर सहने पड़ते हैं और वे अपने ऊपर हुए इन असामान्य व्यवहारों को जिन्दगी-भर ढोती हैं। इस प्रकार के हादसों से ग्रसित महिलाएं कभी-कभी तो जिन्दगी-भर सामान्य नहीं हो पातीं। डर, शर्म, झिझक, आत्मग्लानि, वितृष्णा को न तो वे सह ही पाती हैं और न कह ही पाती हैं। परिणाम स्वरूप उन्हें डिप्रेशन, चिन्ता, मानसिक तनाव, निराशावादी सोच का शिकार होना पड़ता है। ऐसे हादसों की शिकार महिलाएं, लड़कियां मन-ही-मन हीनताओं से ग्रसित हो जाती हैं और वे कब क्या कर बैठें, कुछ नहीं कहा जा सकता।

सच तो यह है कि अश्लील चित्रों, पत्र-पत्रिकाओं और अश्लील साहित्य ने युवाओं की यौन भावनाओं को कुछ इस प्रकार से भड़काना प्रारम्भ कर दिया है कि ये युवक-युवतियां यौन विकृतियों से मुक्त हो ही नहीं पाते। सह-शिक्षा, सहकर्मियों के साथ काम करना, हंस-हंसकर बोलना उनकी इस सोच में आग में घी का काम करता है। यही कारण है कि युवा मन सामाजिक वर्जनाओं की परवाह न कर इस प्रकार के यौन अपराध कर बैठते हैं। एक बार की हुई गलती उन्हें बार-बार एक ही अपराध को करने के लिए उत्तेजित करती है, प्रेरित करती है। युवक इस प्रकार के अपराधों के आदी हो जाते हैं।

वास्तव में यह एक ऐसा संदर्भ है, जिसके बारे में केवल इतना ही समझ लेना चाहिए कि आप जब भी घर में

अथवा बाहर अकेली हों, अपनी सुरक्षा के बारे में इतनी गंभीर, सतर्क और सावधान रहें कि आपके साथ कोई भी अप्रिय हादसा न हो।

क्या करें जब आप घर के अंदर हों

- अपने दरवाजे, खिड़कियां, कांच अच्छी तरह से बंद रखें और पूरी तरह से आश्वस्त होने के बाद ही अपना अन्य कोई काम करें।

- घर के आंगन, बरामदे में हमेशा लाइट जलाकर रखें। दोपहर में भी चैनल और मुख्य द्वार पर ताला लगा कर रखें।

- किसी भी ऐसे व्यक्ति को घर के अंदर प्रवेश न दें, जो आपकी नजरों में अनुचित हो अथवा जिनकी निष्ठा के बारे में आप आश्वस्त न हों। वह चाहे आप का घरेलू नौकर ही क्यों न हो। ऐसे व्यक्ति से शीघ्र पीछा छुड़ाने की कोशिश करें।

- विषम परिस्थितियों में जोर-जोर से चिल्लाकर अपनी सुरक्षा सुनिश्चित करें।

- किसी पर-पुरुष के सामने अमर्यादित मुद्रा में न बैठें।

- अश्लील चित्रों को देखना, टी.वी. पर भड़कीले दृश्य देखना, अश्लील बातचीत में हिस्सा लेना, पुरुषों की अनुचित हरकतों को सहना अथवा प्रोत्साहित करना आपके लिए खतरे से खाली नहीं।

- किसी भी प्रकार के प्रलोभनों में न पड़ें और न ही किसी तरह के महंगे उपहार लें। क्योंकि लोगबाग मछली फंसाने के लिए कांटें का इस्तेमाल करते ही हैं।

- अपनी पारिवारिक समस्याओं के समाधान के लिए परिवार के सदस्यों का ही सहयोग लें। उन्हें समस्याओं की पूरी-पूरी जानकारी दें। किसी भी बाहरी व्यक्ति की अनुचित इच्छा, हरकत, व्यवहार के साथ किसी प्रकार का कोई असम्मानजनक समझौता न करें। इस प्रकार के समझौते हमेशा आपकी अस्मिता के सुरक्षित होने पर प्रश्न चिन्ह लगाएंगे। आप ब्लैकमेल भी की जा सकती हैं।

- घर में अकेले होने की सूचना किसी ऐसे व्यक्ति को न दें, जो आपके प्रति प्रतिशोधी विचार और भावनाएं रखता हो। यहां तक कि घर के नौकरों को भी न बताएं।

शहर हो अथवा गांव कभी भी किसी गैर पुरुष अथवा निकट संबंधी, मित्र अथवा पड़ोसी के साथ एकांत में जाने, रहने, सोने, पढ़ने का खतरा मोल न लें। वास्तव में एकांत के क्षणों में मानव मस्तिष्क में कुछ रोमांचकारी करने की इच्छा बलवती होने लगती है। वह अपने आसपास के वातावरण से उत्तेजित और आंदोलित होता है। मनोवैज्ञानिकों का कथन है कि इन क्षणों में व्यक्ति के मस्तिष्क में से कुछ ऐसा रिसाव होता है, जो उसे रोमांचकारी कार्य करने के लिए प्रेरित करता है। इसलिए एकांत के क्षणों में कुछ भी घटित हो सकता है। यहां तक कि घर में पढ़ाने वाले ट्यूटर अथवा काम पर जाने वाली महिलाएं भी इस व्यवहार से अछूती नहीं रह पातीं। अतः जब भी आप अथवा आपके युवा बच्चे घर में अकेले हों, तो इन बातों को ध्यान में रखें।

क्या करें जब आप घर के बाहर अकेली हों

- स्कूल, कालेज जाना, काम पर जाना, शिक्षण-प्रशिक्षण के लिए बाहर आना-जाना एक सामान्य व्यवहार है। ऐसे समय में अपनी सुरक्षा को सुनिश्चित बनाने के लिए कुछ बातों का ध्यान देने से संभावित दुर्घटना को टाला जा सकता है।

- अपने रास्ते जाएं, अपना काम करें। अनावश्यक रूप से इधर-उधर तांक-झांककर लोगों को (राह चलते मनचलों को) अपनी ओर आकर्षित करके किसी भी प्रकार का खतरा मोल न लें।

- राह चलते लोगों की छींटाकशी, व्यंग्य, ताने अथवा टिप्पणी का तब तक कोई प्रतिकार न करें, जब तक कि आपके पास विरोध करने का सहारा न हो।

- अपने बैग के प्रति सावधान रहें। इसमें अधिक रुपया-पैसा, जेवर आदि न रखें। न ही अधिक आभूषण पहन कर घर से बाहर निकलें।

- रात्रि में किसी अनजान व्यक्ति से लिफ्ट न लें, न दें। बस से ही आएं, जाएं। यदि बहुत आवश्यक हो, तभी टैक्सी करें। ऐसी स्थिति में टैक्सी का नंबर नोट कर लें और टैक्सी ड्राइवर का हुलिया भी देख लें।

- संदिग्ध चरित्र वाले निकट संबंधी, मित्र, सहकर्मी अथवा बॉस के साथ रात में अकेली न ठहरें। न ही देर रात होटल अथवा पार्टी में साथ रहें।

- यदि रात अधिक हो गई है और आप अकेली हैं, तो अकेले आने-जाने का जोखिम उठाने की अपेक्षा फोन कर किसी नजदीकी रिश्तेदार को बुला लें या फिर पुलिस की सहायता लेकर अपनी सुरक्षा सुनिश्चित करें।

मुखौटे वाले ये रिश्ते

घर के अंदर और घर के बाहर महिलाओं को सबसे अधिक असुरक्षा मुखौटे वाले रिश्तों से होती है। अवैध संबंधों की स्थापना, बलात्कार, हिंसा, यौन शोषण, ठगी, विश्वासघात आदि घटनाओं की शुरुआत कुछ ऐसे ही लोग निकट के रिश्तेदार बनकर करते हैं। हमारे सामाजिक जीवन में ऐसे लोगों का अभाव नहीं, जो परिचय और संबंध बढ़ाने के लिए पहले तो भाई साहब, बहन जी, मौसी, अंकल, आन्टी, सर, दीदी, जीजा जी जैसे संबोधन देकर पारिवारिक निकटता प्राप्त कर लेते हैं और फिर अवसर पाकर इन संबंधों को दरकिनार कर कुछ ऐसी हरकतें कर जाते हैं, जिनसे ये रिश्ते तो बदनाम होते ही हैं, साथ ही कुछ आपराधिक कृत्य भी हो जाते हैं। बहला-फुसला कर अबोध लड़कियों को भगा ले जाना, भावनाओं से खिलवाड़ करना, उन्हें गलत हाथों में बेच देना, नौकरी दिलाने के नाम पर उनका यौन शोषण करना, प्रेम-पत्रों अथवा खींचे गए चित्रों को सबको बता देने की धमकी देकर ब्लैकमेल करना, घर से जेवर, पैसा आदि लेकर भागने के लिए विवश करना आदि केवल इसलिए होता है कि इन भुक्तभोगी महिलाओं के सामने अपनी इज्जत बचाने का अन्य कोई विकल्प नहीं होता और वे इन मुंह बोले रिश्तेदारों की बातों में आ जाती हैं। इसी प्रकार से गली, मुहल्ले अथवा कुछ सहकर्मी भी महिलाओं की इन्हीं कमजोरियों का लाभ उठाकर, उन्हें अपनी चिकनी-चुपड़ी बातों में फंसाकर उन्हें बेचने जैसे कुकृत्य कर बैठते हैं। ऐसे लोगों से बचने के लिए आप हमेशा सतर्क रहें। अपने संबंधों को हमेशा मर्यादित, संतुलित और संयत रखें। प्रलोभनों से बचें। अपनी सुरक्षा को दांव पर लगाकर कोई भी असम्मान जनक समझौता न करें।

आशय यह है कि आप चाहे घर के अंदर हों अथवा घर के बाहर, संस्थान में हों अथवा सफर में, अपनी सुरक्षा के प्रति जरा-सी आहट मिलते ही सतर्क हो जाएं। इस प्रकार की सतर्कता ही आपको बड़े-से-बड़े खतरों से बचाएगी।

अध्याय 4

मानसिक संकीर्णता से बचें

पारिवारिक जीवन में 'हमारे अपने भी तो बच्चे हैं...', 'हमारी भी तो कुछ इच्छाएं हैं...', 'मैंने सबका ठेका थोड़े ही ले रखा है...' सोचना और कहना मानसिक संकीर्णता है। इस प्रकार की सोच जहां आपके व्यक्तित्व को ओछा बनाती है, वहीं आपकी सोच को भी संकुचित करती है। विचार और व्यवहार की यह संकीर्णता आपको अकेला बनाती है। यह आपको वहां छोड़ती है, जहां आप भरे-पूरे परिवार और समाज में अकेली रह जाती हैं। मानसिक संकीर्णता अभिशाप न बने, इसलिए आप सदैव इससे बचें।

'ना भाई ना...। उस स्वेटर का डिजाइन तो मैं तुम्हें नहीं बता सकती। ऐसे ही उसका डिजाइन गली-गली में देती फिरूंगी, तो कामन न हो जाएगा और कामन चीजों से मुझे बड़ी एलर्जी है...। अभी तो दिल्ली में भी यह डिजाइन नया-नया चला है...।'

''मैं भला किसी से क्यों डरूं'...। नौकरी करती हूं, कमाती हूं... खाती हूं, किसी के बाप का क्या खाती हूं...?''

''तुम्हारे सोनू की इतनी हिम्मत? उसने मेरे मोनू को पीटा... मोनू बेटा जा और हाथ पकड़कर सोनू को घसीट ला... मैं देखती हूं, तुझे कौन हाथ लगाता है। हाथ ना तोड़कर रख दूं, तो मेरा नाम राम चमेली नहीं...।''

सामाजिक और पारिवारिक जीवन में मानसिक संकीर्णता के ये ऐसे व्यवहार हैं, जो हमें अपने आसपास नित्य देखने व सुनने को मिलते हैं। मानसिक संकीर्णता का यह व्यवहार जहां हमारे संबंधों में दूरियां बढ़ाता है, वहीं हमें तनावग्रस्त भी रखता है। जो गृहिणियां बिना सोचे-समझे इस प्रकार का व्यवहार करती हैं, उन्हें न तो सामाजिक प्रतिष्ठा ही प्राप्त होती है और न परिवारजनों का स्नेह ही। ऐसी महिलाएं थोड़ी देर के लिए भले ही अहं के प्रभाव में आकर आत्मसंतुष्ट हो लें, लेकिन मानसिक संकीर्णता का यह व्यवहार उन्हें अकेला, कमजोर, असहाय और तनावग्रस्त ही बनाएगा। लगातार मानसिक संकीर्णता के कारण ऐसी महिलाओं का स्वभाव चिड़चिड़ा, शक्की, सनकी हो जाता है। उनकी वाणी में कर्कशता आ जाएगी और वे तेज-तर्रार होकर स्त्री-जन्य स्वाभाविक सौम्यता, मधुरता और स्नेह से हीन हो जाएंगी। इतना ही नहीं, बल्कि दैनिक जीवन में वे भयांकित होकर तनावग्रस्त बनी रहेंगी और हमेशा यही सोचती रहेंगी कि परिचय क्षेत्र में किसे और कैसे नीचा दिखाया जाए। किस प्रकार से दूसरों को अपमानित किया जाए? इस प्रकार की मानसिक संकीर्णता जहां हमें मानवतावादी आदर्शों से नीचे गिराती है, वहीं हमारे सामाजिक संबंध भी खराब होते हैं। हमारे इस व्यवहार के कारण लोग हमसे दूर रहना ही उचित समझते हैं।

मानसिक संकीर्णता के अन्य चाहे जो भी कारण हों, लेकिन इतना आशय तो स्पष्ट है कि यह एक मनोगत कमजोरी है, जब हममें योग्यता, प्रतिभा और मौलिक चिन्तन का अभाव होता है, तो हम मन-ही-मन अपनी किसी छोटी सी योग्यता के छिन जाने के भय से ग्रसित हो जाती हैं, दूसरों से भयभीत रहती हैं, तब हम अपने आसपास भय और आतंक का एक ऐसा वातावरण बनाती हैं, जो हमारी कमजोरियों

की रक्षा करता है। दूसरे हमारी कमजोरियों को पहचान नहीं पाते, यदि पहचान भी लेते हैं, तो वे इतना साहस नहीं जुटा पाते कि वे हमारी कमजोरियों को सरेआम उछालें। प्रगतिशीलता का मुखौटा लगाए हम एक संकीर्ण दायरे में ही जीती हैं। वास्तव में मानसिक संकीर्णता का अर्थ योग्यता का अभाव है। इसलिए हमें अपने मौलिक चिन्तन में इस प्रकार के व्यवहार को नहीं आने देना चाहिए और अपनी अयोग्यता का प्रदर्शन भी नहीं होने देना चाहिए।

मानसिक संकीर्णता कोई असाध्य रोग अथवा दोष नहीं, बल्कि यह तो एक असामान्य व्यवहार है, जो हम किन्हीं गलत अथवा भ्रामक धारणाओं के कारण करती हैं। अगर हम अपने आचरण और विचारों में थोड़ी-सी भी

दूरदर्शिता लाएं और विवेक से काम लें, तो कोई कारण नहीं कि हम मानसिक संकीर्णताओं से ऊपर उठकर सामाजिक आदर्श का आचरण न करें।

'स्वेटर का डिजाइन कॉमन हो जाना' कितनी संकीर्ण सोच है। क्या संसार में इससे अच्छा कोई और डिजाइन नहीं हो सकता। फैशन, रंग और डिजाइन की क्या कोई सीमा होती है? नित्य नए-नए फैशन आते हैं और चले जाते हैं। इसलिए यह सोचना कि 'डिजाइन कॉमन हो जाएगा' मूर्खतापूर्ण सोच है।

मानसिक संकीर्णता से ऊपर उठकर सोचने से ही हमारी योग्यता, प्रतिभा, कौशल और सुघड़ता अथवा ज्ञान का लाभ दूसरों को मिलता है। इससे जहां हमारी योग्यता

बढ़ती है, वहीं हमारी प्रतिभा में और भी वृद्धि होती है। इस संबंध में वास्तविकता यह है कि संसार में कोई भी वस्तु पूर्ण, श्रेष्ठ नहीं है, उससे अच्छी वस्तुएं और भी हैं। मैं ही श्रेष्ठ हूं, सुंदर हूं, बुद्धिमान हूं की सोच उचित नहीं। हमसे भी श्रेष्ठ, संपन्न और सुंदर लोग हैं। ऊंट को अपनी लघुता का अंदाज तब लगता है, जब वह पहाड़ के नीचे आता है। आपकी 'योग्यता' तो तभी तक सार्थक है, जब उसका लाभ परिवार, समाज और दूसरे लोगों को मिलता है और आप यह लाभ देते हैं, अन्यथा आपकी योग्यता मूढ़ता के सिवाय कुछ नहीं। फिर आप अपनी योग्यता पर इतना क्यों इतरा रही हैं? अपनी योग्यता का लाभ जब आप दूसरों को देती हैं, तो इसका एक अप्रत्यक्ष लाभ आपको यही होता कि अनुभव, ज्ञान, योग्यता और बढ़ती है, क्योंकि योग्यता और ज्ञान तो बांटने से ही बढ़ते हैं। अभ्यास ही आदमी को प्रवीण बनाता है।

कमाने योग्य हो जाने मात्र से ही आपकी सामाजिक पद-प्रतिष्ठा और मान-सम्मान नहीं बढ़ता। कमाना प्रतिष्ठा अर्जित करने का साधन है, इसे साध्य न मानें। केवल कामकाजी होने अथवा नौकरी पेशा होने पर इतराएं नहीं। इसी प्रकार से मायके पक्ष की संपन्नता पर इतराना आपकी प्रतिष्ठा कम करता है। आपकी नौकरी किसी भी हालत में पारिवारिक अपेक्षाओं से ऊपर नहीं हो सकती, क्योंकि परिवार को बनाने-सजाने-संवारने के लिए ही आप नौकरी करती हैं। यदि आपका नौकरी करना परिवार पर भारी पड़ेगा, तो आपका नौकरी करना उचित नहीं होगा। पारिवारिक अपेक्षाओं को पूरा करने के लिए जब आप नौकरी करेंगी, तो न केवल आपकी सामाजिक प्रतिष्ठा बढ़ेगी, बल्कि आपको परिवार का पूरा-पूरा संरक्षण और विश्वास भी प्राप्त होगा।

मानसिक संकीर्णता से ऊपर उठने के लिए अपने पारिवारिक और सामाजिक परिवेश के संपर्क में आने वाले प्रत्येक व्यक्ति के अच्छे कार्यों, व्यवहारों और विचारों का दिल खोलकर स्वागत करें। उनकी प्रशंसा करें। उनके कार्यों में सहयोगी बनें। पड़ोस में भजन, कीर्तन के कार्यक्रम में उत्साहपूर्वक शामिल होकर उनके इस आयोजन को सफल बनाएं। हमेशा दूसरों में गुण ही देखें, अवगुण नहीं। इन गुणों की चर्चा करने में, अपनाने में किसी भी प्रकार की कंजूसी न बरतें। ऐसे किसी भी अवसर को हाथ से न जाने दें, जिसमें आप दूसरों की प्रशंसा कर सकती हों। वास्तव में बात वहीं करनी चाहिए जहां उसका कोई महत्त्व हो, कोई सुनने वाला हो, समझकर उस पर अनुकरण करने वाला हो। दूसरों के उपकारों की भी चर्चा करें।

'मां के आपरेशन के समय अनिल ने न जाने कहां से बी-निगेटिव ग्रुप के खून की एक बोतल का इन्तजाम किया। मां की जान तो इसी ने बचाई...। ऐसी बातें न केवल आपकी मानसिक सोच को व्यापकता प्रदान करती हैं, बल्कि दूसरे भी अच्छे कार्यों को करने के लिए उत्साहित और प्रोत्साहित होते हैं।

अपनी बातचीत में हमेशा दूसरों को जली-कटी सुनाते रहना, व्यंग्य कसना, ताने मारना, उलाहने देना उचित नहीं। इस प्रकार का व्यवहार आपकी सोच को कुंठित करता है और आप दूसरों के प्रति अच्छा नहीं सोचतीं। दूसरों के प्रति अच्छा न सोचने का एक कारण यह भी है कि आप लोगों से बड़ी-बड़ी अपेक्षाएं करती हैं। दूसरों से बड़ी-बड़ी अपेक्षाएं न करें।

गली-मुहल्ले अथवा परिवार में बच्चों की लड़ाई को लेकर कभी-कभी बड़ों में भी कहा सुनी हो जाती है। बच्चे असली बात तो बताते नहीं, अभिभावक सुनी-सुनाई बातों पर विश्वास कर एक-दूसरे के प्रति दुर्भावना पाल लेते हैं। बच्चे तो एक-दो दिन में ही सामान्य हो जाते हैं, आपसी विवाद भूल जाते हैं, लेकिन अभिभावक इस प्रकार की बातचीत और व्यवहारों को मन में गांठ बांध लेते हैं और उनके आपसी संबंधों में मनमुटाव बना रहता है। इसलिए जहां तक हो, बच्चों की बातों में आकर आपसी संबंध न बिगाड़ें।

विवाह पूर्व के विवादों को भी विवाह बाद मन में लाना अथवा इन विवादों से प्रभावित होकर कोई प्रतिशोधात्मक कार्यवाही करना उचित नहीं, यह सब मानसिक संकीर्णता के व्यवहार हैं।

'मेरा भानजा है...।', 'मेरा भतीजा है...।', 'मेरी बहू ने बनाया है...।', 'मैंने अपनी सास के लिए बनाया है...।' जैसी बातें न केवल आपको मानसिक संकीर्णता से ऊपर उठाएंगी, बल्कि इससे आपके संबंध भी उनसे मजबूत होंगे और आप इस प्रकार के संबंधों को बताने में गर्व का अनुभव करेंगी।

मानसिक संकीर्णता से बचें, समाज और परिवार से जुड़ें, इससे जहां आप का परिचय क्षेत्र बढ़ेगा, वहीं आपकी सोच भी व्यापक होगी।

संकीर्णता को प्रभावित करने वाले तत्व

- अपनी शिक्षा, योग्यता और प्रतिभा पर इतराने की अपेक्षा सहयोगी बनें। अपनी आर्थिक संपन्नता अथवा राजनीतिक प्रभाव का प्रदर्शन न करें।
- अपने परिचय और सामाजिक क्षेत्र में अपने आपको दूसरों से श्रेष्ठ, सुंदर, पढ़ा-लिखा, बुद्धिमान समझने का भ्रम न पालें। इस प्रकार का भ्रम आपको ईर्ष्यालु वृत्ति का बनाएगा और आप हमेशा दूसरों को अपने से हीन, छोटा समझकर, स्वयं को तनावग्रस्त बनाएंगी।
- मानसिक संकीर्णता आपकी सोच एवं क्षमताओं को सीमित करती है और आप हमेशा कुएं का मेढक बनी रहती हैं, जब कि मानसिक उदारता आपकी सोच को सफलता के नए आधार प्रस्तुत करती है।
- परिवार और परिचय क्षेत्र के ऐसे मित्रों, सगे-संबंधियों के प्रति उदार दृष्टिकोण अपनाएं, जिन्हें आपकी सहायता की आवश्यकता है। कठिन दिनों में अथवा बीमारी के दिनों में अपनों की कुशलता पूछकर उनका संबल बनें।

इसी प्रकार से परिचय क्षेत्र में यदि किसी की लड़की की शादी है अथवा कोई लंबे समय से बीमार है, तो उसकी आर्थिक सहायता कर अपनी मानसिक उदारता का परिचय दें। इस प्रकार की सहायता अथवा सहयोग पाकर जहां दूसरे आपके प्रति कृतज्ञ होंगे, वहीं आपकी मान-प्रतिष्ठा बढ़ेगी। समय पर दी गई आपकी यह सहायता उन्हें बहुत दिनों तक स्मरण रहेगी। आपकी सुघड़ता प्रमाणित होगी।

मानसिक संकीर्णता शारीरिक दोष न बने

शरीर और मन का सीधा संबंध होता है। स्वस्थ शरीर में ही स्वस्थ मन का वास होता है। मानसिक संकीर्णता की सोच आपको अपनों से दूर रखती है, जिससे आप मानसिक रूप से बोझिल और थकी-सी रहती है। इस प्रकार की सोच ही आपके व्यक्तित्व को कुंठित करती है। यह सोच दूसरों से ईर्ष्या रखना सिखाती है। इससे आपके मित्रों और शुभ-चिन्तकों की कमी होती है। आप हंसना-खेलना भूल जाती हैं। मानसिक तनावों के कारण सामान्य शिष्टाचार तक भूल जाती हैं, बाद में आपको अपनी इस भूल के कारण पश्चात्ताप होता है।

मानसिक संकीर्णता के कारण आपके मन में सजने संवरने के प्रति कोई उत्साह नहीं रहता। यहां तक कि जीवन के स्नेह स्रोत भी सूखने लगते हैं। इस प्रकार की सोच में बने रहने के कारण कालान्तर में आपकी सोच उत्साहहीन हो जाती है और आप अपनी वास्तविक उम्र से कहीं अधिक लगने लगती हैं। मानसिक संकीर्णता आपके चेहरे पर भी दिखाई देने लगती है।

प्रसन्न रहें

मानसिक संकीर्णता से बचने, उससे मुक्त होने का सरल उपाय यह है कि आप हमेशा प्रसन्न बनी रहें। प्रसन्नता व्यक्ति को जीवन के प्रति आशावान व आस्थावान बनाती है। उसकी सोच को सकारात्मक बनाती है। लक्ष्य के प्रति उत्साहित करती है। जब आपके मन में दूसरों के प्रति कोई द्वेष भाव नहीं होगा, तो स्वाभाविक है कि आप अपने आचरण और व्यवहार के प्रति संतुष्ट होंगी। संतुष्टि का यह अहसास ही आपको प्रसन्न रखेगा। आपके चेहरे की मुस्कान आपकी मानसिकता को प्रभावित करेगी।

मानसिक संकीर्णता से बचने के लिए आवश्यक है कि आप मन से शुद्ध, वचन से मृदु, कर्म से सक्रिय हों। वैचारिक उदारता, सहिष्णुता, दया, करुणा और मैत्री-भाव अपने मन में रखें। इस प्रकार की भावनाएं और विचार जहां आपको समाज के अन्य लोगों से जोड़ेंगे, वहीं आपका सामाजिक और पारिवारिक जीवन भी सरस, सरल और समृद्धशाली बनेगा।

मानसिक उदारता प्रदर्शित करने के लिए हमेशा दूसरों को महत्त्व दें। अपनी आलोचना, निन्दा सुनकर उत्तेजित न हों। न ही अपनी प्रशंसा सुनकर कुप्पा हों।

'मेरी मानो तो...।', 'मैं कहती हूं कि...', 'मैं जानती हूं...।' जैसी बातें कह कर अपनी बात को ही अंतिम न मानें। न ही अपनी बात अथवा अपने व्यवहार, मत का दूसरों से समर्थन कराएं। अपनी पसंद दूसरों पर न लादें। अपने मन में कभी भी ईंट का जवाब पत्थर से देने की सोच न लाएं। इस प्रकार की सोच आपके दुःख, अशातिं, क्रोध और

आत्मग्लानि का कारण बनेगी। मानसिक उदारता प्रदर्शित करने के लिए दूसरों को बदलने, समझने-समझाने के पर्याप्त अवसर दें। आपके मन में पैदा हुआ सेवा-भाव जहां आपको सामाजिक सुघड़ता से जोड़ेगा, वहीं आप मानसिक संकीर्णता से मुक्त होंगी।

सामाजिक और पारिवारिक जीवन में संपर्क में आने वाले व्यक्तियों से नम्र व्यवहार करें। घरेलू नौकर, कामवाली, दूधवाला, सब्जी की फेरी वाला, अखबार वाला, पोस्टमैन आदि के प्रति नम्रता और शिष्टता से बात करें। कामकाजी जीवन में भी सहकर्मियों के प्रति मान-सम्मान प्रकट करें।

अपनी सामाजिक और पारिवारिक प्रतिष्ठा को बनाए रखने के लिए ऐसा कोई काम न करें, जो आपका कद कम करे अथवा आपको अपने आदर्शों से नीचा गिराता हो।

अपनी मानसिक उदारता को प्रकट करने का कोई भी अवसर हाथ से न निकलने दें। अपने परिचितों, जरूरत मंदों की सहायता अवश्य करें, जो लोग आपसे अपेक्षा करते हैं। इस प्रकार की सोच जहां आपको मानसिक संकीर्णताओं से मुक्त रखेगी, वहीं आप शक्ति का स्रोत बन अपनों का संबल बनेंगी और उनसे अपनापन पा सकेंगी।

अध्याय 5

सास की खास बनें

सास गृहिणी की परम सहयोगी, सहायक और शुभचिंतक है। बहू के रूप में गृहिणी पर गर्व करने वाली सास...। जब मुहल्ले-पड़ोस में महिलाओं के बीच बैठकर बड़े आश्चर्य से आंखें फैलाकर यह कहती है कि मेरी बहू अलका तो ऐसी नहीं, तब आपको भी यही लगता है कि कुछ तो ऐसा है, जो आपको सास की खास बनाता है।

सास की अपेक्षाएं केवल सुघड़ गृहिणी ही पूरी कर सकती हैं और वे अपने स्तर पर बड़ी नहीं होतीं। कुशल गृहिणी जब सास की खास बनती है, तो वह घर स्वर्ग से सुंदर बन जाता है, फिर आपको भी तो एक दिन सास बनना है। सास-बहू के नाजुक रिश्तों की डोर... इसे तानने का प्रयास बिलकुल न करें।

गृहिणियों की बातचीत का एक मात्र बिन्दु सास और सासों की बातों का एक मात्र केन्द्र बिन्दु बहुएं। सास-बहू भारतीय घरों की दो ऐसी पात्र हैं, जो पूरे परिवार को प्रभावित करती हैं। बहू, सास की आशाओं का केन्द्र होती है। वह उसे अपने इस घर-संसार को सौंप कर गंगा नहाना चाहती है, लेकिन चाहती है कि बहू उसका दिल जीत ले। इस इच्छा के कारण ही वह बहू से बड़ी-बड़ी अपेक्षाएं करती है। दूसरी तरफ़ बहू के अपने कुछ सपने होते हैं। जिन्हें मन में संजोकर वह इस नए घर में प्रवेश करती है। वह अपने इन सपनों को मूर्त्त रूप देना चाहती है। उसे अपने इन सपनों को मूर्त्त रूप देने के लिए सास के सहयोग की आवश्यकता होती है, जो उसे उस स्तर पर नहीं मिल पाता, जो वह चाहती है। बस इस तरह के व्यवहार और सोच में ही सास-बहू में परस्पर अविश्वास, खिंचाव, तनाव का वातावरण निर्मित होने लगता है, जो समन्वय और समझ के अभाव में टकराव और बिखराव का कारण बन जाता है। थोड़े बहुत परिवर्तनों के साथ हर घर की यही कहानी है।

सास की खास बनने के लिए आवश्यक है कि आप (गृहिणी) कभी भी सास के अधिकारों को चुनौती न दें, उनके वर्चस्व को नकारने की सोच न पालें। बस इतना-सा गुर ही गृहिणी को सास की खास बना देगा।

सास-बहू में छत्तीस का आंकड़ा होना कोई नई समस्या नहीं। लेकिन आश्चर्य तो तब होता है, जब नए विचारों की सास अथवा बहू भी कुछ इसी प्रकार की भावनाओं से ग्रसित होकर परस्पर 36 का आंकड़ा बना लेती हैं। यद्यपि अब इस व्यवहार में बहुत अंतर आया है, क्योंकि दोनों ही प्रगतिशील सोच रखने लगी हैं। आज विवाह भी बड़ी देख-परख के बाद ही होते हैं, फिर भी सास-बहू के संबंधों में 'शनि का प्रवेश' हो ही जाता है। सास-बहू चाहे कितनी भी अच्छी क्यों न हों, उनमें परस्पर आत्मीयता, स्नेह और सौहार्द की इच्छा चाहे कितनी ही क्यों न हो, परन्तु उनमें किसी-न-किसी कारण से यह कटुता आ ही जाती है। इस प्रकार का अविश्वास अथवा कटुता ही परस्पर संबंधों में स्नेह और विश्वास को लीलने लगते हैं। स्नेह स्रोत सूखने लगते हैं और फिर कई अर्थों में वही पुरानी सास-बहू की 'लड़ाई' 'शीत युद्ध' में बदलने

लगती है। इसके अपवाद भी हो सकते हैं। होना भी स्वाभाविक है, लेकिन सास-बहू 'पुरान' किसी-न-किसी रूप में अवश्य ही दिखाई देते हैं।

इस पूरे संदर्भ में वास्तव में न तो पूरी तरह से सास ही दोषी हैं और न बहू। वास्तव में पूरी समस्या का एकमात्र कारण परस्पर में समन्वय और समझ का अंतर है, अभाव है। शाश्वत सत्य तो यह है कि सास अपनी बहू पर गर्व करती है और उस पर सारी खुशियां लुटाना चाहती है। यह उसकी चिर साध होती है। दूसरी तरफ बहू अपना सब कुछ छोड़कर नए घर को बनाने-सजाने-संवारने, केवल सास के सहारे आती है। यदि बहू थोड़े-से विवेक और समझ से काम लेती है, तो उसे सास का मन जीतने में समय नहीं लगता

और प्रत्युत्तर में वह भी सास की खास बन उसके स्नेह और आत्मीयता को प्राप्त कर लेती है। इसलिए प्रगतिशील सोच वाली नई बहू को अपने विचारों और व्यवहार में यह मूल परिवर्तन लाना ही होगा। सास का अपना पारिवारिक वर्चस्व होता है, उसके कुछ अधिकार होते हैं और उसके इन अधिकारों और वर्चस्व को मान्यता मिलनी ही चाहिए। इनका अतिक्रमण करना ही इस समस्या की बुनियाद है। यदि बहू-सास के इस वर्चस्व को स्वीकार कर उसकी मान-प्रतिष्ठा को बढ़ाए, तो कोई कारण नहीं कि बहू सास की चहेती न बने, उसे अपनी आंखों पर न बिठाए। यह भी एक सत्य है कि बहू के सिवाय उसका और कौन होता है? वह तो अपनी बहू पर गर्व कर अपने अहं की संतुष्टि करना चाहती है। इस प्रकार की

32

संतुष्टि ही उसकी इच्छा होती है। इसलिए आप चाहे कहीं भी हों, छोटी हों या बड़ी, सास को इस गर्व से वंचित न करें। उसे भरपूर प्रतिष्ठा देकर ही उसका दिल जीतें। यह सास की मनोवैज्ञानिक अपेक्षा है, अतः इसे मान्यता अवश्य दें। सास बहू की उपेक्षा नहीं करना चाहती, इसलिए आप यह विचार मन से निकाल दें कि सास 'खराब' होती है। जिस प्रकार से एक पिता हमेशा अपने बच्चे का शुभचिन्तक होता है, उसी प्रकार सास भी बहू की शुभचिन्तक होती है। इस विषय में अपने मन को पूर्वग्रहों से ग्रसित न होने दें।

बहू के दिल में प्रतिशोधी भावनाएं, असंतोष, कुंठा, हीनता अथवा आत्मग्लानि तभी पैदा होती है, जब उसे उसकी कल्पनाओं के विपरीत व्यवहार मिलता है। बहू का मन तब और भी आहत होता है, जब उससे बड़ी-बड़ी अपेक्षाएं तो की जाती हैं, कर्त्तव्यों और आदर्शों की दुहाई तो दी जाती है, सहनशीलता का पाठ तो पढ़ाया जाता है, लेकिन उसकी भावनाओं का जरा भी ख्याल नहीं रखा जाता। यहां तक कि कभी-कभी तो जानबूझ कर उसकी भावनाओं की उपेक्षा की जाती है, उन्हें नकारा जाता है। उसके साथ भेदभाव किया जाता है। विरोधाभासों का व्यवहार दोहराया जाता है। बहू का माथा तब और भी ठनकता है, जब सास उसे तो गुड़ खाने के लिए मना करती है और स्वयं गुड़ खाती है। घर की बेटी जोकि किसी दूसरे घर की बहू भी है, उसे तो दस-दस बजे तक सोने दिया जाता है और बहू को सुबह छः बजे ही उठा दिया जाता है। जब बहू सास के इस दोहरे रूप को देखती है, तो उसके मन में भी असंतोष, विद्रोह और आक्रोश की ज्वाला भड़कने लगती है। यही असंतोष एक सचाई के रूप में जब बहू के मुख से प्रकट होने लगता है, तो सास चोट खाई हुई नागिन की तरह फन पटकने लगती है। बहू पर खानदानी न होने का आरोप आरोपित करने लगती है। किसी 'नीच' घर की होने का आरोप लगाकर उसे 'कुलच्छनी' कहकर मन की भड़ांस निकाली जाती है। इस असंतोष के कारण ही पूरे परिवार पर शनि की छाया मंडराने लगती है।

सास की वक्र दृष्टि से बचने के लिए आवश्यक है कि दोनों ही एक-दूसरे के अस्तित्व को मान्यता दें। सास को यह कभी नहीं भूलना चाहिए कि वह भी कभी बहू थी, बहू को यह समझना चाहिए कि वह भी एक दिन सास बनेगी। आज के प्रगतिशील युग में जबकि परिवार के सभी सदस्य पढ़े-लिखे हों, सबको अपना-अपना जीवन अपने तरीके से जीने का पूरा-पूरा अधिकार है, हक है, उसे इतनी स्वतंत्रता अवश्य दें, कि वह अपने व्यक्तित्व का विकास कर सके, इसलिए आप चाहे सास हों अथवा बहू एक दूसरे से बड़ी-बड़ी अपेक्षाएं न करें, न ही इन अपेक्षाओं के पूरा न होने पर अपने भाग्य अथवा कर्मों का रोना रोएं। न ग्रहों को दोषी मानें, न अपनी हीनता ही प्रकट करें। वास्तव में यह किसी शनि अथवा ग्रहों का प्रभाव नहीं, बल्कि परिस्थितियां हैं, आपकी अपनी सोच है, जिन्हें आप ही बदल सकती हैं। जब आप यह जानती हैं कि सास का स्वभाव तेज है, शंकालु है अथवा कुछ और ही सोचती है, तो आप ऐसे अवसर ही क्यों आने देती हैं कि कोई अप्रिय स्थिति निर्मित हो। यदि किसी विशेष कारण से ऐसी कोई परिस्थिति निर्मित हो गई है, तो ईंट का जवाब पत्थर से देने की सोच से बचें और कोई सकारात्मक विचार अपनाएं, ताकि बात न बिगड़े, क्योंकि सास-बहू के किसी भी विवाद का प्रभाव परिवार पर पड़ता है। हर हालत में हानि परिवार की ही होती है। तनाव परिवार में ही निर्मित होता है। इन विवादों के कारण परिवार को केवल जगहंसाई ही मिलती है। आप चाहे सास हों अथवा बहू, पारिवारिक हितों पर इनका प्रभाव पड़ता है। छुरी कद्दू पर गिरे अथवा कद्दू छुरी पर कटता कद्दू ही है। अतः आप सह-कुटुंबियों, पड़ोसियों को हंसने का अवसर न दें। आप परिवार के हितों को सर्वोच्च मानें। अपने विवादों को बड़ी सरलता के साथ उदार मन से स्नेह और विश्वास के साथ सम्मान जनक समाधान दें। इसलिए उसमें कहीं भी किसी तीसरे पक्ष को अपना पक्षधर न बनाएं और न ही घर की कोई बात बाहर जाने दें।

बहू का आचरण पारिवारिक अपेक्षाओं के अनुकूल हो, तो सास को गर्व, गौरव का अहसास होता है, इसलिए इस सत्य को स्वीकारें और अपने व्यवहार में कहीं भी किसी प्रकार का अमर्यादित छिछलापन न आने दें। इस भ्रम को अथवा पूर्वग्रह को मन से निकाल दें कि 'मैं सबको ठीक कर दूंगी...। मैंने अच्छे-अच्छों को सीधा कर दिया है।' एक-दूसरे को 'सीधा' करने की बात मन में कभी न लाएं, इससे परिवार टूट जाते हैं। बहू को जितनी आत्मीयता, स्नेह, सुरक्षा और सहयोग सास से मिल सकता है, उतना अन्य कोई नहीं दे सकता।

बहू के रूप में आप विवाद अथवा उपेक्षा की पात्र तब बनती हैं, जब आप बात-बात में मायके की प्रशंसा करने लगती हैं और बात-बात में 'हमारे वहां तो... । हमारे मम्मी पापा... ।' कहकर मायके पक्ष की तारीफों के पुल बांधती हैं, जबकि आपका इस प्रकार का व्यवहार अप्रत्यक्ष रूप से ससुराल पक्ष की हीनता प्रदर्शित करने वाला व्यवहार है। आप समझ भी नहीं सकतीं कि आपके इस कथन का ससुराल पक्ष पर क्या प्रभाव पड़ रहा है? भावावेश में अथवा अदूरदर्शिता के इस आचरण में आप कुछ देर के लिए यह भूल जाती हैं कि ससुराल पक्ष की इस हीनता को कोई सहन नहीं करता और वह भी तब, जब आप इसी नाव में सवार हैं। आपका इस प्रकार का आचरण ही आपको सास की नजरों से गिरा सकता है। एक बार पटरी से उतरी गाड़ी फिर बड़ी मुश्किल से पटरी पर आती है। सास चाहे कितनी भी उदार मना, विशाल हृदय की क्यों न हो, वह यह सहन नहीं कर पाती कि कोई उसकी कमजोरी, हीनता अथवा अभावों को उछाले, उसका मजाक उड़ाए। अतः आप अनजाने में भी इस प्रकार की भूल न करें और न ही अनावश्यक रूप से तनाव अथवा टकराव की स्थिति निर्मित करें। ऐसे ही सास-बहू में जो शीत युद्ध प्रारम्भ होता है, उसमें अगले-पिछले ताने, व्यंग्य उलाहने, अपेक्षाओं का रोना ही रोया जाता है। एक-दूसरे की गलतियां दोहराई जाती हैं।

यदि आप कामकाजी हैं, प्रतिभाशाली हैं, साधन संपन्न हैं, सुंदर हैं, प्रभावशाली हैं, तो अपनी इस संपन्नता, प्रभाव और सुंदरता का प्रदर्शन न करें, न ही अपनी उच्चता का प्रदर्शन करें। संपन्नता और कमाई पर इतराने से, उच्चता का प्रदर्शन करने से, अहं पालने से आपकी मान-प्रतिष्ठा नहीं बढ़ती। आपकी मान-प्रतिष्ठा परिवार की मान-प्रतिष्ठा के साथ ही बढ़ती है, इसलिए अपनी संपन्नता अथवा प्रभाव का उपयोग परिवार के हितों में करें।

एक-दूसरे को समझकर ही सास-बहू एक दूसरे के निकट आएंगी, यह निकटता उनमें तभी बढ़ेगी, जब वे परस्पर विश्वास व्यक्त करें और एक-दूसरे की सीमाओं का मान-सम्मान करें। एक-दूसरे की सोच को समझें। दोनों एक-दूसरे के प्रति समर्पित हों। कुछ लोगों का मत है कि सास-बहू को बेटी के समान समझे। वास्तव में यह सोच भी संकीर्ण है, क्योंकि बहू का दर्जा बेटी से कहीं बड़ा है। सास का बहू के प्रति समर्पित होना हमारा सांस्कृतिक आदर्श है, इस आदर्श की प्राप्ति के लिए सास-बहू के संबंधों का मधुर होना परमावश्यक है। परस्पर समझ का यह आचरण ही बहू को सास की खास बनाएगा और तब यह समस्या अपने आप हल हो जाएगी। बहू की उम्मीदों को सास ही पूरा करती है। इसलिए इस प्रसंग में सास-बहू दोनों को ही प्रगतिशील सोच अपनानी चाहिए।

विवाह के बाद सास ही बहू को स्नेहिल हाथों से गृह प्रवेश कराती है, गृह प्रवेश के इस स्नेहिल संस्कार में ही बहू पूरी तरह से समर्पित होकर सास से जुड़ती है। निश्चय ही इन क्षणों में उसके मन में सास की खास बनने की इच्छा बलवती हो उठती है। सास का मन जीतने के लिए बहू को कुछ ऐसी सोच अपनानी चाहिए, जो सीधे सास के दिल को प्रभावित करे। सास की इच्छाओं का मान-सम्मान कर उसे ससुराल की मान-प्रतिष्ठा, रीति-रिवाजों को ही मान्यता, प्रतिष्ठा और सम्मान देना चाहिए।

उम्र की ढलान पर बैठे परिवार के बुजुर्ग, बहू से केवल मान-सम्मान की अपेक्षा करते हैं। बहू को परिवार के ऐसे आत्मीयजनों से भावात्मक रूप से जुड़कर उन्हें भरपूर आदर देकर उनका दिल जीतना चाहिए।

सास-बहू में कभी-कभी वर्चस्व अथवा मतभेदों का वैचारिक शीत युद्ध छिड़ जाता है। इस युद्ध में बहू को अपनी पराजय स्वीकार कर लेनी चाहिए, क्योंकि इस पराजय में भी बहू की विजय छिपी हुई है। समन्वय और समझदारी से बहू को विवेक से काम लेना चाहिए। इस प्रकार की विषम परिस्थितियों में पति से समर्थन जुटाने, उसके कान भरने, शिकायतों, उलाहनों का रोना रो कर अपनी हीनता प्रदर्शित न करें, इस प्रकार के व्यवहार तनावों के समय आग में घी डालने का काम करते हैं। अतः पारिवारिक क्लेश से बचने के लिए ऐसे प्रसंगों को अपनी ओर से तूल न दें।

सास को वश में करने का एक और उपाय यह भी है कि बहू अपने कान बंद रखे। कान बंद रखने का आशय यहां केवल इतना ही है कि अपनी सोच को 'शांत' बनाएं और मन में सुनी-सुनाई बातों के लिए प्रतिशोधी विचार मन में न लाएं।

मायके पक्ष की संपन्नता पर इतराना नहीं चाहिए। विवाह पूर्व के विवादों, संबंधों को पढ़े हुए पृष्ठ के समान पलट देना चाहिए। ऐसे व्यक्तियों अथवा बिचौलियों से संपर्क समाप्त कर लेने चाहिए, जिनके कारण पारिवारिक विवाद होने की संभावना हो।

बहू को घर आए मेहमानों, सह-कुटुंबियों के प्रति मान-सम्मान प्रकट करना चाहिए। घर आए पुरुष मेहमानों के साथ मर्यादा युक्त एक सम्मानित दूरी बनाकर रखनी चाहिए। मेहमान चाहे ससुराल पक्ष के हों अथवा मायके पक्ष के, उनके साथ किसी प्रकार का भेदभाव न बरतें।

सामाजिक और पारिवारिक जीवन में संपर्क में आने वाले व्यक्तियों, सह कुटुंबियों का बहू से परिचय कराना भी सास का दायित्व है। सास को इस परिचय के क्रम में रिश्तों की निकटता का भी परिचय देना चाहिए। सास को चाहिए कि वह घर के नौकर, कामवाली, दूध वाले, सब्जी वाले, अखबार वाले, पोस्टमैन आदि का परिचय भी बहू से कराए, ताकि बहू ऐसे लोगों के प्रति सहिष्णुता, शिष्टता से बात कर सके और अपनी शालीनता से इनके दिल में भी सम्मान पा सके।

सास को चाहिए कि वह बहू को सामाजिक और पारिवारिक प्रतिष्ठा के ऐसे व्यवहारों से परिचित कराए, जो उसकी सामाजिक प्रतिष्ठा को बढ़ाते हों। इस प्रकार की सोच ही उसे बड़े घर की बहू होने के गर्व का अनुभव कराएगी और वह इन संबंधियों, परिचितों और पड़ोसियों की अपेक्षाएं पूरी कर सकेगी।

सास इस सत्य को खुले रूप में स्वीकार करें कि बहू के लिए ससुराल के लोग, उनकी सोच, अपेक्षाएं, वातावरण, रीति-रिवाज, रहन-सहन का स्तर, शैली आदि सब नए हैं। वह पूरी तरह से इस वातावरण से अपरिचित है और एकाएक वह इन सबसे समन्वय करने में भी असमर्थ हैं। ऐसी स्थिति में केवल सास ही बहू परिवार की मान-मर्यादाओं से परिचित कराती है। सास का यह स्नेहिल व्यवहार बहू के साथ अपनेपन का होगा, तो सास-बहू के संबंधों में सरसता के अनेक स्रोत स्वतः ही पैदा होने लगेंगे। बहू को परिवार से जोड़ने का यह कार्य सास ही कर सकती है, जो उसे सबसे पहले करना चाहिए। इस विषय में सास की उदारता ही बहू

की सुघड़ता है। प्रत्युत्तर में बहू भी सास की प्रतिष्ठा को चार चांद लगाएगी। बेटे के मन में बहू के प्रति स्नेह, मान-सम्मान और प्रतिष्ठा बढ़ाने के लिए हमेशा बहू के अच्छे कार्यों, व्यवहारों की प्रशंसा करें। इस प्रकार की प्रशंसा बहू-बेटे के दांपत्य जीवन में सरसता के नए स्रोत पैदा करेगी और बहू-बेटे में विवाद भी कम ही होंगे।

सास की खास बनने के लिए बहू को परिवार के सदस्यों की मान-प्रतिष्ठा का ध्यान रखते हुए उनके दिल में स्थान बनाना चाहिए। इसके लिए आवश्यक है कि ससुर को पितातुल्य सम्मान दें। परिवार के प्रति उसके मन में उपजी अपेक्षाओं को जानें और अपनी सक्रिय और सकारात्मक सोच से इन अपेक्षाओं को पूरा करें।

ससुर का सम्मान करें

ससुर की मनोवैज्ञानिक इच्छाओं का सम्मान करें उनकी आदतों पर व्यंग्य, कटाक्ष अथवा ताने न मारें। ससुर की दवा, आराम, चाय-नाश्ते संबंधी जरूरतों आदि का ध्यान रखें। ससुर की सबसे बड़ी मनोवैज्ञानिक इच्छा यह होती है कि उनके बहू-बेटे उससे परामर्श लें। उससे बातें करें। उन्हें 'आउट आफ डेट' कह कर उपेक्षित न करें।

ससुर के अलावा परिवार की महिला सदस्यों जैसे देवरानी, जिठानी, ननद, भाभी आदि से हमेशा बोल-चाल बनाए रखें। इससे जहां उनके अहं को संतुष्टि मिलती है, वहीं संवाद हीनता की स्थिति निर्मित नहीं हो पाती। संवाद हीनता (अनबोलापन) हमेशा गलतफहमियां पैदा करती है और संबंधों में दूरियां बढ़ाती है।

पारिवारिक विवादों में अति उत्साह के साथ भाग न लें और न ही इन विवादों में पति पक्ष का समर्थन करें। ऐसे विवादों में उलटा-सीधा जवाब देकर आप परिवार के किसी भी सदस्य से मान-प्रतिष्ठा प्राप्त नहीं कर सकतीं। आपसी विवादों, मतभेदों को उस सीमा तक कभी न ले जाएं, जहां इन्हें जोड़ने की संभावनाएं ही समाप्त हो जाएं। पारिवारिक विवादों को एक-न-एक दिन समाप्त हो जाना है, यह मान कर चलें और यदि जुड़ाव की ऐसी कोई स्थिति आती है, तो सम्मानजनक समझौता कर इस जुड़ाव का श्रेय लें। इससे आपकी प्रतिष्ठा तो बढ़ेगी, साथ ही आपकी सुघड़ता भी रंग लाएगी।

परिवार के किसी सदस्य की किसी कमजोरी, हीनता, गलती अथवा घर में ही हुए किसी अप्रिय हादसे से ग्रसित बात, व्यवहार, रहस्य को बात-बात में न उछालें और न ही इस हीनता के लिए उस सदस्य को आहत अथवा अपमानित करें, क्योंकि कुछ रिश्ते ऐसे होते हैं, जिनमें उनके किए हुए व्यवहारों अथवा गलतियों के लिए मां-बाप, पति-पत्नी की गलती न होते हुए भी उसकी टीस सब को सहनी पड़ती है। ऐसी गलतियों-व्यवहारों को बार-बार कुरेद कर उन्हें हरा करने की सोच मन में कभी न लाएं।

सास और बहू एक-दूसरे की खास बनने के लिए इतना ध्यान रखें :

- एक-दूसरे के प्रति सकारात्मक दृष्टिकोण अपनाएं। परस्पर की भावनाओं, इच्छाओं, विचारों का सम्मान कर एक-दूसरे के साथ जुड़ें।

- एक-दूसरे को मन से स्वीकारें। परस्पर संबंधों को वर्चस्व की लड़ाई न मानें और न ही विजयी होने का घमंड करें। बच्चों की खुशी में ही अभिभावकों की खुशी होती है, बहू-बेटे की खुशियों को इसी भावना के साथ स्वीकारें।

- एक-दूसरे को अपना बनाकर देखें, अपनत्व का यह व्यवहार ही आपको एक-दूसरे से जोड़ेगा और आप सास की खास बन सकेंगी। बहू आपकी खास बन सकेगी।

अध्याय 6

घर आए मेहमान

अतिथि को सामाजिक जीवन में देवतुल्य माना गया है। अंतर केवल इतना है कि देवताओं के लिए उनका आह्वान करना पड़ता है, जबकि अतिथि बिना किसी आह्वान के ही हमें कृतज्ञ कर जाते हैं। घर आए मेहमान के प्रति आपकी सोच में कुछ तो नवीनता हो, जो मेहमान के दिल को छू ले।

"मीना दीदी, जबसे तुम्हारे यहां से आई हूं, तुम्हारे बारे में ही सोचती रहती हूं। वास्तव में तुम्हारे साथ व्यतीत हुए थोड़े-से दिन तन-मन में खुशबू बनकर बस गए हैं। तुम्हारा स्नेह, सद्व्यवहार और तुम्हारा आत्मीय भाव..., भुलाए नहीं भूलता, मेहमानी तो सब कर लेते हैं, लेकिन तुम्हारा मेजबानी का तौर-तरीका हमेशा याद रहेगा...।"

"खिलाना-पिलाना तो दूर रहा, उसने तो सीधे मुंह बात भी नहीं की, उसे तो जैसे बोलने में भी तकलीफ होती थी, ऐसी जगह क्या जाना, इससे तो अच्छा है कि किसी होटल या धर्मशाला में रात काट लो, जहां चाह नहीं, वहां कौन जाए...? मैं ऐसे किसी के ऊपर बोझ बनना बिलकुल पसंद नहीं करती...।"

दो मेहमानों के अलग-अलग ऐसे उदाहरण हैं, जो हमें आए दिन अपने ही पारिवारिक परिवेश में देखने-सुनने को मिल जाते हैं। प्रथम उदाहरण इस बात का प्रमाण है कि मेजबान ने मेहमान का दिल खोलकर आत्मीय भाव से स्वागत किया। दूसरा उदाहरण इस बात का प्रमाण है कि मेजबान ने मेहमान की उपेक्षा की। वास्तव में हमारे कार्य व्यवहार की कोई हमारे सामने भले ही प्रशंसा अथवा आलोचना न करे, लेकिन मेहमान के दिल में तो मेजबान से किए गए आचरण और व्यवहार का प्रभाव पड़ता ही है। ऐसे आचरण और व्यवहार का प्रभाव मेहमान के मस्तिष्क पर बहुत दिनों तक बना रहता है।

जब कभी आपके घर में कोई मेहमान आता है, तो स्पष्ट है कि मेजबान के रूप में आपके कर्त्तव्य और भी बढ़ जाते हैं। वैसे तो जब मेहमान आता है, तो वह बहुत सोच समझकर ही आपके घर आता है, क्योंकि वह जानता है कि आपका घर छोटा है, आप नौकरी पेशा हैं अथवा दुकानदार हैं, आपके पास इतना समय नहीं कि आप उसका साथ दे सकें आदि-आदि। लेकिन इन सबके बाद भी यदि कोई मित्र, स्नेही, स्वजन, गांव वाला आपके पास आ जाता है, तो निश्चित ही जान लें कि वह अपने मन में आपके बारे में कुछ विशेष बातें सोचकर ही आया है। इसलिए घर आए मेहमान का खुले दिल से हार्दिक स्वागत करें। आत्मीय-भाव से उसे स्वीकारें।

इस संबंध में एक व्यावहारिक सोच यह है कि जब आपके घर कोई मेहमान आ ही गया है, तो निश्चित ही वह खाना भी खाएगा, सोएगा, विश्राम भी करेगा, चाय-नाश्ता आदि भी करेगा। यह आप पर निर्भर है कि आप उसके साथ कैसा व्यवहार करती हैं, यदि नाक-भौंह सिकोड़ कर खाने की थाली देंगी और सस्नेह परोस कर देंगी, तो भी खाना तो उसे खाना है और वह खाएगा ही। बस अंतर तो केवल आपके व्यवहार में ही आएगा, इसलिए आप इस विषय में सोचें और

अच्छा व्यवहार कर, स्नेहासिक्त भाव से खिलाएं। यदि आप संयम बरतती हुई अपने व्यवहार कुशल होने का परिचय देकर मेहमान को अपनी ओर आकर्षित करने में सफल हो जाती हैं, तो यह आपकी सबसे बड़ी सफलता होगी। इसलिए जरूरी है कि परिवार में आए हुए मेहमानों का स्वागत करें। यदि मेहमान के साथ आए हुए बच्चे छोटे हैं, तो उनके दूधादि का भी ध्यान रखें। समय पर अपनी ओर से ही बच्चे को दूध देने के लिए मेहमानों का ध्यान इस ओर दिलाएं। विवाह-शादी के अवसर पर अकसर इस प्रकार की छोटी-छोटी बातों के कारण ही आपस में मनमुटाव हो जाता है और इन बातों को ही तूल देकर लोग संबंध बिगाड़ लेते हैं। अतः मेहमानों का इस विषय में ख्याल रखें।

किशोरावस्था के बच्चों को शहर में घूमने, फिरने, पार्क-पिकनिक, बाजार, मेला, प्रदर्शनी, पिक्चर आदि जाने दें और आप अपनी ओर से इसका प्रबंध कर दें। यदि आप स्वयं उनका साथ नहीं दे सकतीं, तो उनके साथ किसी को भेजने का प्रबंध कर दें। यदि यह भी संभव न हो, तो बच्चों को इतना समझा, बता दें कि उन्हें किन-किन स्थानों पर जाना है, कैसे जा सकेंगे, कहां उतरेंगे, कितना किराया आदि लगेगा, कितना समय लगेगा। आशय यह है कि बच्चों में रुचि लेकर इस संबंध में मेहमानों को पूरे-पूरे निर्देश दें। उन्हें ऐसा न लगे कि मेहमान उन पर बोझ बने हुए हैं। यदि आप कोई साधन दे सकें, तो बहुत ही अच्छी बात है, यदि न हो, तो उन्हें बता दें कि साधन कहां से और कैसे मिल सकते हैं।

नए मेहमानों के घर आ जाने से घर का काम बढ़ जाना स्वाभाविक ही होता है, इस बढ़े हुए काम और खर्चे के कारण कुछ गृहिणियां खीझ जाती हैं, चेहरे पर तनाव की रेखाएं उभर आती हैं। क्रोध करने लगती हैं। बच्चों को मारती-पीटती हैं, बरतन पटकती हैं, आप अपनी इस उत्तेजना अथवा तनाव का प्रदर्शन मेहमानों के सामने बिलकुल न करें। बढ़े हुए काम को कराने के लिए मेहमान का सहयोग लेंगी, तो इससे जहां मेहमान के दिल में आपके प्रति आत्मीय-भाव बढ़ेगा, वहीं आपका काम भी हलका होगा। उदाहरण के लिए मेहमान गृहिणी से सब्जी काटने के लिए कहें। चौके में सहयोग के लिए प्रोत्साहित करें। कोई नई 'डिश' बनाने के लिए कहें। इस बनी हुई अच्छी अथवा बुरी 'डिश' का पूरा-पूरा श्रेय मेहमान गृहिणी को दें। उसकी प्रशंसा करें और उसमें रुचि लें।

मेहमानों के खाने, चाय-नाश्ते आदि का समुचित प्रबंध करें और ध्यान रखें कि यह सब समय पर हो जाए। अपनी ओर से सूक्ष्म निरीक्षण कर लें कि मेहमानों के पास नहाने के सामान जैसे साबुन, पेस्ट, तौलिए आदि की समुचित व्यवस्था है कि नहीं, यदि न हो तो आप अपने स्तर पर इनका प्रबंध कर दें। इस प्रकार से यदि महिलाएं साथ में हैं, तो उनके बनाव-शृंगार की सामग्री, साधन आदि का प्रबंध भी आप अपने स्तर पर कर दें। उदाहरण के लिए दर्पण, कंघा, टेल्कम पाउडर आदि तुरन्त उनके कमरे में पहुंचा दें। इसके साथ ही आप उनसे उनकी अन्य कोई आवश्यकता हो, तो बड़े आत्मीय-भाव से पूछ लें और उसका प्रबंध कर दें। इससे जहां आप मेहमानों का विश्वास प्राप्त कर लेंगी, वहीं वह भी आपकी अंतरंग सहेली बन जाएंगी। आपको सम्मान देंगी।

मेहमानों के खाने का विशेष ध्यान रखें। हमेशा उनके साथ ही खाएं, साथ-साथ खाने में ही आनन्द आता है। यदि मेहमानों की संख्या अधिक हो, साथ में बच्चे हों, तो पहले बच्चों को खिला दें। फिर पुरुषों को खिलाकर अथवा उनके साथ बैठकर खाएं। यदि आप परिवार के साथ बैठकर मेहमानों के साथ खाना खाती-खिलाती हैं, तो इससे मेहमान के दिल में आपके लिए विशेष स्थान बनता है। इस बात का ध्यान रखें कि आप स्वयं परोसें और सबका ध्यान रखें। नाश्ता विभिन्न प्रकार का हो और उसमें सबकी सुरुचि के व्यंजन हों। यदि मेहमान महिलाएं हैं, तो उनसे पूछ लें कि नाश्ता कैसा लेंगी? इससे आप मेहमानों को उनकी रुचि के अनुसार नाश्ता खिला सकेंगी और उसमें नवीनता भी बनी रहेगी।

जब आपके घर में मेहमान आए हुए हों, तो अपने कुछ दैनिक कार्य स्थगित कर दें (यदि संभव हो तो), इससे आप मेहमानों को काफ़ी समय देंगी और मेहमान 'बोर' भी नहीं होंगे। फिर भी यदि आपका जाना आवश्यक ही हो, तो मेहमान को कहकर उसे घर सौंप कर, बताकर जाएं, ताकि मेहमान अपने आपको उपेक्षित न समझें।

जब घर में मेहमान आए हुए हों, तो बड़े धैर्य का परिचय दें। यदि आपको परिवार के किसी सदस्य की कोई बात अच्छी नहीं लग रही अथवा मेहमान की कोई बात अच्छी नहीं लगी है, तो धैर्य का परिचय दें और अपनी बात बड़ी शालीनता के साथ कहें, विरोध करें, अपना मत व्यक्त करें, इससे जहां बात स्पष्ट हो जाएगी, वहीं विवाद अथवा तनाव भी पैदा न होगा।

घर आए मेहमानों के सामने अपने अन्य सह कुटुंबियों की बुराई अथवा आलोचना न करें और न ही उनके सामने अभावों का रोना रोएं। यदि मेहमान के स्वजनों के साथ भी आपके कहीं कोई विवाद हों, तो उनका हिसाब-किताब तब तक न करें जब तक कि मेहमान इस विषय में बात न करें। लेने-देने के व्यवहार भी वहीं अच्छे लगते हैं, जहां लोगों के दिल में देने-लेने की इच्छा हो। मधुर सम्बंधों की स्थापना में कहीं भी विवाद के पत्थर न लगाएं।

मेहमानों के सामने अपनी हीनता का प्रदर्शन न करें और न ही अपनी बेचारगी का प्रदर्शन करते हुए अपना रोना रोएं। कभी-कभी कुछ गृहिणियां अपनी हीनता अथवा अपेक्षाओं का रोना रोते हुए रोने लगती हैं, अथवा उनकी आंखें डबडबा आती हैं, इस प्रकार का व्यवहार मेहमानों के सामने न करें। वास्तव में इस प्रकार के व्यवहार से मेहमानों का मन बोझिल होता है, क्योंकि वह प्रत्यक्ष में आपकी कोई सहायता तो कर नहीं पाता, मनका बोझ अवश्य बढ़ जाता है। अतः इस प्रकार के व्यवहारों से बचें।

विदा के समय मेहमानों को बस स्टैन्ड अथवा रेलवे स्टेशन तक छोड़ने अवश्य जाएं, यदि यह संभव न हो, तो

दरवाजे तक तो अवश्य जाएं। उन्हें आने के लिए उनके प्रति धन्यवाद ज्ञापित करें। उन्हें पात्रानुसार उपहार दें, विदा दें। ध्यान रखें कि मेहमानों द्वारा दिए उपहारों को आप भी अस्वीकार न करें। उपहार अस्वीकारना अशिष्टता है, अतः इससे बचें। यदि आप कुछ समझती हैं कि दिया जाने वाला उपहार 'असामान्य' है, कुछ अधिक है अथवा आप उसकी पात्र नहीं हैं, तो अपनी बात बड़ी शिष्टता के साथ कहें और दिए जाने वाले उपहार को धन्यवाद के साथ अस्वीकार करें।

यदि कोई व्यक्ति उपहार देकर आपके साथ संबंधों की स्थापना की पहल करता है, तो इसे अवश्य स्वीकारें। आखिर कोई तो पहल करेगा ही, इसलिए यदि मेहमान अथवा मेजबान करता है, तो इसमें अस्वाभाविक क्या है?

मेहमान अथवा मेज़बान का इस प्रकार का व्यवहार और सोच जहां आपस में मधुर संबंधों की आधारशिला है, वहीं आप मेहमान का दिल भी जीत सकती हैं। मेहमान आपसे इस प्रकार का व्यवहार पाकर भविष्य में एक अच्छा मेज़बान बनने का संकल्प करेगा, उसका यह संकल्प ही उसे अच्छा मेहमान या अच्छा मेज़बान बनाएगा, क्योंकि यदि आप आज मेहमान हैं, तो कल आपके मन में मेजबान बनने की इच्छा भी बलवती होगी। एक अच्छा मेहमान—मेजबान अच्छे मेहमान-मेजबान की प्रेरणा होते हैं। आप भी घर आए मेहमानों का दिल जीतें। उसकी भावनाओं को समझें, उसका सम्मान करें।

'अतिथि देवो भव...' का सत्य समझने और समझाने के लिए अब कोई दृष्टांत देने की किसी को आवश्यकता नहीं। महंगाई, सीमित आवासीय क्षमता, समय का अभाव, पति-पत्नी का कामकाजी होना और घड़ी के पेंडुलम की तरह निश्चित गति से चलने वाली जिन्दगी के बावजूद मेहमानों का आना अथवा मेहमान बनना परम् सौभाग्य समझा जाता है। इस सौभाग्य को बनाए रखने के लिए मेहमानों को अपनी सोच, आचरण और व्यवहार को मेजबान की अपेक्षाओं के अनुसार बनाना चाहिए। मेजबान की सुविधाओं-असुविधाओं, इच्छाओं का ध्यान रख कर ही आप एक अच्छी मेहमान बन सकती हैं।

मेहमान बनें—बोझ नहीं

मेहमान बन कर मेजबान के घर पहुंच कर 'सरप्राइज विजिट'

देने की सोच से बचें। आपकी यह सरप्राइज विजिट मेजबान की असुविधाएं बढ़ाती हैं। यहां तक कि आपकी यह सोच स्वयं आपके लिए भी कठिनाई का कारण बन सकती है। क्योंकि कभी-कभी यह हो जाता है कि सरप्राइज विजिट के चक्कर में आपको मेजबान के घर पर ताला लटका भी मिल सकता है। इसलिए मेहमान बनने से पहले इसकी सहमति लें, उसे सूचना दें। इस प्रकार की सहमति से यह भी ज्ञात हो जाएगा कि मेजबान कहीं बाहर तो नहीं जा रहा है।

आप चाहे जितने दिन भी मेजबान के यहां रहें, इस अवधि में हमेशा अवसर के अनुकूल सज-संवर कर रहें। उस मेजबान को आपके रहन-सहन के कारण अपने मित्रों, परिचितों अथवा पड़ोसियों के सामने किसी प्रकार की हीनता नहीं सहनी पड़ेगी। वे आपका परिचय बड़े गर्व के साथ अपने अन्य मेहमानों, परिचितों, मित्रों के साथ कराएंगी। इसी प्रकार से मेजबान के साथ आपका व्यवहार स्नेहिल और आत्मीयता से पूर्ण होना चाहिए।

मेजबान के घर की सजावट, जीवन शैली, रसोई, खाने-खिलाने और सुघड़ता पूर्ण अन्य व्यवहार की दिल खोल कर प्रशंसा करें। इस प्रशंसा में अपनी ओर से अपनी हीनता प्रकट न करें। इस क्रम में यदि आपको मेजबान के किसी व्यवहार के कारण अपमान सहना पड़ा हो अथवा आपका मन आहत हुआ हो, तो उस व्यवहार को अनावश्यक रूप से तूल न दें। इस प्रसंग को बार-बार उछाल कर मेजबान को नीचा दिखाने का प्रयास बिलकुल न करें।

मेहमान के रूप में आपका व्यवहार मेजबान की अपेक्षाओं के अनुकूल होना चाहिए। बातचीत में नम्रता, हाव-भाव में शिष्टता और शालीनता, पहनावे में सादगी का प्रदर्शन हो। अशिष्ट और अमर्यादित बातचीत, व्यवहार और मेकअप मेजबान की आंखों में अखरता है।

मेजबान की संपन्नता, प्रभाव, उपलब्धियों, सफलताओं पर ईर्ष्या करना, उनकी इन सफलताओं और उपलब्धियों को अपने पक्ष में मांग करना उचित नहीं। इसी प्रकार से यदि मेजबान आपसे कुछ छिपाना चाहता है, आपको अपने किन्हीं रहस्यों से परिचित नहीं कराना चाहता, तो ऐसी बातों, रहस्यों और भेदों को कुरेद-कुरेद कर जानने की कोशिश बिलकुल न करें।

मेजबान की इच्छा के बिना आप उनके अन्य पड़ोसियों, मित्रों, निकट संबधियों से संबंध बढ़ाने की सोच मन में कभी न लाएं और न ही इस विषय में अपनी ओर से कोई पहल करें।

मेजबान के रूप में आप इस सत्य को स्वीकारें कि आजकल मेहमानी के लिए समय निकालना अथवा मेहमान बनकर रहना बड़ा कठिन काम है। वास्तव में यह तो मेजबान की भावनाओं के सम्मान का प्रदर्शन ही है। यदि कोई व्यक्ति मेजबान की भावनाओं का सम्मान कर उनके आग्रह, स्नेह और आत्मीयता के कारण मेहमान बनकर आता है, तो वह वास्तव में ही 'देवोभव' की सार्थकता को चरितार्थ करता है। इससे न केवल मेजबान की प्रतिष्ठा बढ़ती है, बल्कि मेहमान भी गर्व का अनुभव करता है।

जब पति के मित्र मेहमान बनें

कामकाजी जीवन में पति-पत्नी को उनके पुरुष मित्रों के घर मेहमान बनकर आना-जाना एक सामान्य व्यवहार है। इस व्यवहार में जब भी पति-मित्र आपके घर मेहमान बनकर आएं तो ध्यान रखें कि :

- पति के मित्रों को सपत्नीक घर पर आमंत्रित करें। इससे आपके संबंधों में निकटता और सरसता आएगी और आप बड़े सहज भाव से आपस में जुड़ सकेंगे।
- पति के मित्र, बॉस अथवा सहकर्मियों को जब भी आप अपने घर खाने अथवा मेहमानी के लिए आमंत्रित करें, तो यह ध्यान रखें कि वे आप की सौजन्यता, सहृदयता, सरलता का कहीं कोई गलत अर्थ न लगाएं। ऐसे लोगों से बातचीत करते समय, स्वागत करते समय अथवा मेहमानी के दिनों में एक निश्चित मर्यादित दूरी बनाए रखें।
- अपने और पति के बीच की किसी बात-विवाद कमजोरी अथवा अतरंग बातों को, पति मित्रों की दखलंदाजी का विषय न बनने दें। अति उत्साह अथवा भावुकता में आकर इस प्रकार की बातों को मेहमानों के सामने बिलकुल न करें। मेहमानों के कारण पति के विश्वास में कहीं कोई कमी न आने दें।

व्यावहारिक सोच अपनाएं

- मेहमान बनने-बनाने में इस सत्य को स्वीकारें कि खुशियां बांटने से बढ़ती हैं, इसलिए अपनी इन खुशियों को मेहमानों में बांटें, खुद मेहमान बनकर एवं दूसरों को मेहमान बनाकर प्रसन्न हों।
- घर आए मेहमानों की बुराई पड़ोसियों अथवा अन्य दूसरे मेहमानों से न करें। इस विषय में ध्यान रखें कि दीवारों के भी कान होते हैं और आपका इस प्रकार का व्यवहार मेहमानों से छिप नहीं सकता।
- मेहमानों से परस्पर जुड़ाव और आत्मीयता के लिए कभी-कभी उनसे अपनी पारिवारिक समस्याओं पर सलाह लेने में आत्मीयता बढ़ती है। इस विषय में भले ही आप अपने मन की करें, लेकिन सुनने में कोई बुराई नहीं।
- संकट अथवा बीमारी की स्थिति में रिश्तेदारों, पड़ोसियों, एवं मित्रों की सहायता करने में तत्पर रहें।
- आप कहीं जा रही हैं और इसी समय कोई मेहमान आ जाता है, तो पहले उन्हें स्वीकारें। फिर बड़े धैर्य और आत्मविश्वास के साथ उन्हें घर सौंप कर आप बाहर जाएं। इस प्रकार के व्यवहार से जहां आप मेहमान के दिल में स्थान बनाएंगी, वहीं आप घर की चिन्ता के प्रति भी अनावश्यक रूप से तनावग्रस्त होने से बचेंगी।
- दो-चार दिन ठहरने के बाद जब आप वापस आ रही हों, तो मेजबान की सहमति और उसके माध्यम से ही घरेलू नौकर, माली, कामवाली आदि को अपनी ओर से कुछ 'टिप्स' अवश्य दें। यह टिप्स नगद अथवा वस्तु के रूप में भी हो सकती है।
- मेहमान बनना-बनाना एक ऐसा सामाजिक व्यवहार है, जो आपके सामाजिक और पारिवारिक जीवन की सरसता को बढ़ाता है, इस विषय में आपका आचरण, व्यवहार, सोच और चिन्तन ही आपको सुघड़ बनाएगा।

अध्याय 7

दिखावे से बचें

परिवार और समाज के विभिन्न लोगों के बारे में आपके विचार, आपकी भावनाएं क्या हैं, आप इनकी अभिव्यक्ति कैसे करें? इनका प्रदर्शन तो करना ही पड़ता है, वह चाहे औपचारिकता ही क्यों न हो, किन्तु बार-बार किया गया ऐसा प्रदर्शन आपकी आदत बन सकता है, दिखावा अच्छी आदत नहीं है, लेकिन इस बात का हमेशा ध्यान रखें कि दिखावा आपकी सुघड़ता और सफलता पर हावी न होने पाए।

एक कहावत है—जंगल में मोर नाचा, किसने देखा? आप अपने पड़ोसियों, कुटुंबियों, स्वजनों, मित्रों, शुभचिन्तकों के साथ कितना अच्छा व्यवहार करती हैं, यह कैसे पता चले? यह तो तभी संभव है, जब आप अपनी इन भावनाओं, विचारों और भावों को कहीं-न-कहीं प्रदर्शित करें। कुछ करके दिखाएं। आज का युग व्यवहार का युग है, केवल मुंह से कहने का प्रभाव उतना नहीं पड़ता, जितना कर के दिखाने का पड़ता है। इसलिए अपने इन भावों का प्रदर्शन भी करना जानें। इसलिए आप अपने पारिवारिक, सामाजिक और कामकाजी जीवन में जब भी अवसर मिले, दूसरों के प्रति भावनाओं का प्रदर्शन अवश्य करें।

'मुझे तो आपकी स्वीटी बहुत अच्छी लगती है, कितनी प्यारी है...! जी चाहता है, इसे गोद ले लूं...। गोद ले लूं का यह मतलब न समझें कि मैं इसे गोद लेना चाहती हूं, मेरा मतलब है कि गोद में उठा लूं...।' जैसी बात कहकर आप दूसरों का दिल प्रसन्न करती हैं, वहीं मधुर हास्य बिखेर कर वातावरण को बड़ा सुखद बनाती हैं। बस, यदा-कदा अपनी इन्हीं भावनाओं का प्रदर्शन कुछ इसी तरह से करती रहें। ऐसे में यदि आप बच्चों को गोद में लेकर प्यार करती हैं, उसके हाथ में बैग से निकालकर टॉफ़ी रखती हैं या बिस्कुट का पैकेट देती हैं, तो आपकी इस अभिव्यक्ति में चार चांद लग जाते हैं। आपकी प्रतिष्ठा अपनों के बीच तो बढ़ती ही है, साथ ही अन्य के बीच भी आप आकर्षण का केन्द्र बनती हैं।

'बेगानी शादी में अब्दुल्ला दीवाना...।' भी कुछ इसी प्रकार का दिखावे का व्यवहार है, लेकिन है अच्छा। आप भी दिखावे के नाम पर कुछ ऐसे ही व्यवहार करें। इतना ध्यान अवश्य रखें कि आपके इस आचरण में कहीं भी कुछ बनावटी, अमर्यादित न लगे। यही आपकी व्यावहारिक विशेषता है। जब आप दूसरों की खुशियों में शामिल होकर हंसती-हंसाती हैं, नाचती-गाती हैं, धार्मिक अनुष्ठान में आगे बढ़कर अपना भरपूर सहयोग देती हैं, तो आप जहां दूसरों की नज़र में आती हैं, वहीं आप उनके दिल में भी स्थान पा लेती हैं। अन्य मेहमानों में भी आपकी छवि बनती है। लोग आपकी इस सोच से प्रभावित हुए बिना नहीं रह पाते। इसलिए अभिव्यक्ति ही आपके व्यक्तित्व की विशेषता बन जाती है।

इसी प्रकार से गर्मी के दिनों में अथवा अन्य किसी कठिन परिस्थिति में जब आप दूसरों की भावनाओं का सम्मान कर उनके प्रति अपनी ओर से सहानुभूति पूर्ण व्यवहार करती हैं या अपनेपन का प्रदर्शन करती हैं, तो आप दूसरों की नज़रों में अवश्य आती हैं।

'भाभी उठो! सब्र करो...! सब ठीक हो जाएगा। हर अंधेरी रात के बाद सुहानी उजली सुबह ज़रूर होती है...। उठो, चलो...! मेरे साथ चलो...! उठो, देखो, तुमने अपना क्या हाल बना रखा है...? एक कप चाय ले लो, सिर हलका हो जाएगा।' जैसा संबल पाकर भला किसे सहारा न मिलेगा? आप भी कुछ इसी प्रकार का दिखावा कर दूसरों का सहारा बनें। यह सब आपके विवेक पर निर्भर करता है कि आप अपने इस दिखावे अथवा अभिव्यक्ति को किस प्रकार से व्यक्त करती हैं।

पड़ोस में आपके अच्छे आचरण के कारण ही आपकी प्रतिष्ठा बनती है। अपनी इस प्रतिष्ठा को स्थायी रूप प्रदान करने के लिए मिसेज शर्मा को बहन, छोटी दीदी, मिसेज श्रीवास्तव को भाभी अथवा मां बनाकर इन संबंधों में अपनत्व स्थापित कर सकती हैं। ध्यान यही रखें कि इन स्थापित संबंधों को मर्यादा के अनुसार गरिमा प्रदान करें और इनके प्रति कुछ ऐसा प्रदर्शन भी करें। उन्हें पूरे मान से मानें। प्रतिष्ठा दें। चरण स्पर्श कर आशीर्वाद प्राप्त करें। अगर आप किसी की भाभी, मौसी, आंटी बनने का दम भरती हैं, तो अपनी भावनाएं भी उनके प्रति कुछ ऐसी ही व्यक्त करें, ताकि आप उन्हें और वे आपको उसी प्रकार की प्रतिष्ठा दे सकें। त्योहार आदि अवसर सामाजिक संबंधों को प्रगाढ़ता देने के लिए ही बनाए गए हैं। हमारे सामाजिक जीवन में ऐसे अनेक त्यौहार हैं, जिनमें बहनें, भाइयों को, भाई-बहनों को, बेटी को अथवा अन्य सगे-संबंधियों को मान-प्रतिष्ठा देने के

प्रावधान हैं। आषाढ़ महीने की एकादशी में लड़कियों को उपहार देने से पुण्य की प्राप्ति होती है, जैसी मान्यताएं समाज में इसलिए प्रचलित हैं, ताकि लोग अपनी भावनाओं का प्रदर्शन कर सकें, संबंधों में निकटता स्थापित कर सकें।

ऐसे ही कुछ अन्य अवसर भी हैं, जिनमें सुहाग प्रतीकों, बिन्दी, चूड़ियां, मेंहदी, रोरी, ईंगुर, बिछुए आदि भेंट किए जाते हैं। आशय यह है कि आप भी अपने सामाजिक जीवन में इन वस्तुओं का उपहार देकर संबंधों का प्रदर्शन करें। भला कोई सहेली आपसे मंगलसूत्र की भेंट पाकर आपके प्रति कृतज्ञ क्यों न होगी? अथवा आप अपनी सास से इस प्रकार का उपहार पाकर प्रसन्न और आत्म-संतुष्ट क्यों न होंगी? इस प्रकार के व्यवहारों का प्रदर्शन भले ही दिखावा है, लेकिन इस दिखावे में आपकी सोच अच्छी और पारिवारिक हित की है, इसलिए इसे दिखावा नहीं कहा जा सकता। ऐसे अवसरों पर अपनी इस प्रकार की भावनाओं का दिखावा भी करना पड़े, तो अवश्य करें।

परस्पर संबंधों में निकटता, मधुरता लाने के लिए आवश्यक है कि आप अपनी ओर से सदैव पहल करें। यह पहल आप किसी भी रूप में कर सकती हैं। पहल करने में आपकी उदार भावनाओं की अभिव्यक्ति होती है, साथ ही यह भी पता चलता है कि आपके मन में दूसरों के प्रति क्या विचार हैं? कभी-कभी संकोच के कारण कुछ महिलाएं पड़ोसियों से अच्छे संबंध बनाने की पहल नहीं कर पातीं, जबकि वास्तव में वे दिल की बड़ी उदार होती हैं।

हमारे समाज में गृहिणी के रूप में बहू को परिवारी जनों की उतनी आत्मीयता नहीं मिलती, जितनी कि उसे मिलनी चाहिए। इसलिए आप उनके प्रति कुछ दिखावा करके इस कमी को पूरा कर सकती हैं।

दिखावे से यहां तात्पर्य आदर्शों की दुहाई देना अथवा अपने सिद्धांत को दूसरों पर थोपना नहीं, न ही किए हुए अहसानों का प्रलाप करना है। यहां आशय केवल इतना है कि आप जिसके लिए जो करती हैं, उसकी जानकारी भी संबंधित व्यक्ति को होनी चाहिए। ऐसा न हो कि 'मुर्गी तो जान से गई और मियां जी को स्वाद ही नहीं आया'। अपने कर्त्तव्यों का भावनात्मक प्रदर्शन अवश्य हो। प्रत्युत्तर में फल की आशा किए बिना आप उसे यह तो बता दें कि मैंने तुम्हारे लिए यह व्यवस्था कर दी है। इससे ही उसे आत्म-संतुष्टि मिलेगी और वह आपके प्रति समर्पित होगी।

यहां प्रदर्शन से आशय किसी प्रकार के अहसानों की दुहाई देने से नहीं है। यहां उद्देश्य केवल इतना है कि हमारे दिल में दूसरे के प्रति जो स्नेह, श्रद्धा, मान-सम्मान है, उसका प्रदर्शन आपके आचरण में कहीं-न-कहीं अवश्य होना चाहिए।

'मां जी के लिए गर्म शाल लाकर देना...', 'बाबूजी के लिए टॉनिक लेते आना', 'यह कोट बाबूजी के लिए स्पेशल लाई हूं...।' 'यह साड़ी निक्की के लिए है, उसकी शादी पर मैं अपनी ओर से उपहार देना चाहती हूं...।', 'यह लंच बॉक्स सलोनी के लिए...।' जैसी बातें उनके प्रति स्नेहमयी भावनाओं की अभिव्यक्ति हैं, जो अवश्य होनी चाहिए।

कई लोग परिवार के प्रति बड़े समर्पित होते हैं। वे अपने मिलने वाले वेतन में से बहुत कुछ बचाकर अपने अभिभावकों को भेजते रहते हैं। ऐसे लोगों को यह विश्वास होता है कि यह उनका कर्त्तव्य है और जब भी मां-बाप से मिलेंगे, उन्हें आशीर्वाद और शुभकामनाएं ही मिलेंगी। वे इन शुभकामनाओं को ही मां-बाप का आशीर्वाद मानते हैं।

सामाजिक जीवन में अपनी भावनाओं का इस प्रकार का प्रदर्शन न केवल ज़रूरी है, बल्कि संबंधों के जुड़ाव के लिए आवश्यक भी है। इसलिए आप चाहे जहां भी हों, आपकी सामाजिक और पारिवारिक स्थिति जो भी हो, जहां भी अवसर मिले इस प्रकार का दिखावा, अभिव्यक्ति अवश्य करें किन्तु इस प्रकार का प्रदर्शन में यह नहीं होना चाहिए कि आप बातें तो बड़ी-बड़ी करें, लेकिन व्यवहार में उसके ठीक विपरीत हों।

गलत है अहंकार पूर्ण दिखावा

सामाजिक जीवन में दूसरों की देखा-देखी वस्तुएं खरीदना, कपड़े बनवाना अथवा पहनना, बनाव-श्रृंगार करना और ऐसे ही दूसरे आचरण करना, जहां आपकी समस्याएं बढ़ाएगा, वहीं आप हमेशा तनावग्रस्त बनी रहेंगी।

प्रगतिशीलता के नाम पर अथवा समय पास करने के लिए संपन्न परिवारों की महिलाएं कई प्रकार के 'शगल' पालने लगी हैं। समय बिताने अथवा अपनी आर्थिक संपन्नता का प्रदर्शन करने के लिए ये महिलाएं जहां क्लबों, होटलों,

घरों में किटी पार्टियों का आयोजन करने लगी हैं, वहीं अपने अहं की संतुष्टि के लिए दिखावे के अन्य कई आयोजन करने लगी हैं। दिखावे का यह व्यवहार उनके लिए एक मृगतृष्णा से अधिक कुछ साबित नहीं होता। दिखावे और संपन्नता प्रदर्शन का यह व्यवहार उनके लिए कितना भारी पड़ता है, यह वे स्वयं भी नहीं जानतीं। आत्म-प्रशंसा, आत्म-प्रतिष्ठा और अपने आपको बड़ा कहलाने का भ्रम पाले ये महिलाएं तो अपना समय काट लेती हैं, लेकिन वास्तव में ऐसी महिलाओं को समय भी 'काट' देता है। दिखावे की यह मृगतृष्णा-भरी सोच उन्हें अंदर-ही-अंदर कितना खोखला बना देती है, यह तो उनकी बनावटी हंसी से ही प्रकट हो जाता है। टूटने का यह व्यवहार ही वास्तव में झूठी शान, मांन-प्रतिष्ठा और दिखावे की नियति है। दिखावा और समय काटना दोनों ही ऐसी महिलाओं की कमज़ोरी होती है।

उच्च और संपन्न परिवारों की ये तथाकथित प्रगतिशील महिलाएं जब दिखावे और समय पास करने के लिए किसी एक के घर अथवा क्लब में या फिर किसी होटल में एकत्र होती हैं, तो उनकी बातचीत का केन्द्र दिखावा, ईर्ष्या, दूसरों की निन्दा, ताने, आत्म-प्रशंसा के सिवाय और कुछ नहीं होता। दूसरों को नीचा दिखाने की सोच इनमें कूट-कूटकर भरी होती है। समय आने पर इनकी ये साथी महिलाएं ही एक दूसरे के बखिए उधेड़ने से बाज नहीं आतीं। वास्तव में इस प्रकार की महिलाओं का मुख्य उद्देश्य दिखावा, झूठी शान-शौकत होता है। भौतिकवाद की चमक में थोड़ी देर के लिए ऐसी महिलाएं यह भूल जाती हैं कि जीवन का यथार्थ क्या है? दिखावे और मृगतृष्णा का यह जाल उन्हें इतना कमजोर और छोटा बना देता है कि वे सुकून की ज़िन्दगी जीना चाहें तो भी नहीं जी पातीं। चूंकि सब एक-दूसरे की कमियों को जानती हैं, इसलिए वे किसी से कुछ नहीं कहतीं और अपने इस वर्तमान को ताश खेलकर, रमी खेलकर अथवा एक-दो पैग पी कर व्यतीत करती हैं।

स्वाभाविक जीवन ही जिएं

कुशल गृहिणी को चाहिए कि वे जीवन की कठोर वास्तविकताओं को जानते हुए स्वाभाविक जीवन ही जिएं। सामाजिक जीवन में अपनी मान-प्रतिष्ठा बढ़ाएं। अपने दैनिक, सामाजिक और पारिवारिक जीवन में दूसरों के अच्छे गुणों, व्यवहारों, सफलताओं, उपलब्धियों की दिल खोलकर प्रशंसा करें।

समय काटने के लिए दूसरों की निन्दा के स्थान पर आप किसी ऐसी सामाजिक अथवा धार्मिक संस्था से जुड़ें, जो आपकी रुचियों, प्रतिभा और आदर्शों के अनुकूल हों। अपनी सीमा और क्षमता के अंदर रहकर इस प्रकार की संस्थाओं की सहायता करें। उसके लिए कार्य करें। समय-समय पर असहायों, कमजोरों, जरूरतमंदों की सहायता करें। यह सहायता चाहे रुपयों के रूप में हो अथवा अन्न, वस्त्र के रूप में अथवा अन्य प्रकार से, वह आपको अधिक सुख और संतुष्टि प्रदान करेगी और आप दूसरों के लिए कुछ अधिक ही कर सकेंगी। अपनी सोच को कुछ इस प्रकार का नया आधार दें।

'सोशल स्टेटस' के नाम पर होटल संस्कृति को घर में प्रवेश न करने दें। होटल संस्कृति का यह गृह-प्रवेश आपको और आपके परिवार को पतन की किस सीमा तक ले जा सकता है, इसकी आप कल्पना नहीं कर सकतीं। वास्तव में सामाजिक प्रतिष्ठा के नाम पर सबकुछ जानकर भी अनजान बने रहने का आपका यह व्यवहार, घरों में आयोजित होने वाली कॉकटेल पार्टियां विशुद्ध रूप से दिखावे का प्रदर्शन है, सिनेमाई संस्कृति का अनुकरण हैं। इससे न केवल स्वयं बचें, बल्कि अपने बच्चों को बचाएं। इस प्रकार की प्रदर्शन प्रवृत्ति अथवा दिखावे का व्यवहार दोषियों को 'हीरो' बनाता है, जो आपकी सुघड़ता से मेल नहीं खाता। यह सोच लें कि इस प्रकार के दिखावे का अंत पतन के सिवाय कुछ नहीं होता। इसलिए दिखावे के प्रभाव में आकर 'आज की शाम—आपके नाम' जैसे कार्यक्रमों को घर में प्रवेश न होने दें। यह दिखावा और इस प्रकार की संपन्नता निश्चित रूप से ही आपके गले की हड्डी बन जाएगी और फिर आपके पास पश्चात्ताप के सिवाय कोई चारा न रहेगा।

दिखावे और संपन्नता के इस प्रदर्शन में जब भी आप घरों में इस प्रकार के आयोजन अथवा पार्टियां आयोजित करती हैं, तो पीने के बाद लोगों का रोमांटिक हो जाना स्वाभाविक ही होता है। फिर रोमांस की चाह और फिर अवैध संबंध...। इन सब बातों के बाद हर पति-पत्नी के हिस्से में आती है एक हीनता, एक अनचाहा तनाव, एक-दूसरे

से नफ़रत, आत्मग्लानि...और फिर इन सबकी परिणति होती है जीवन के प्रति निराशा, प्रतिशोधी भावनाएं और विचार, हिंसक विचार, अविश्वास, हत्या और आत्महत्या...।

आप तो केवल इतना ही सोचें कि आपका एक घर-संसार है, आप अपने इस घर संसार की गृहिणी हैं, कुशल और सुघड़ गृहिणी। अपनों के लिए किए गए व्यवहार से प्रतिष्ठा प्राप्त करें। यही प्रतिष्ठा, सच्ची प्रतिष्ठा है। अतः इस विषय में अपनी मान्यता और सोच को नई परिभाषा दें। समय काटने के लिए बाहर नही परिवार से जुड़ें। संपन्नता प्रदर्शन द्वारा परिवार को खुशी के नए अवसर प्रदान करें। उनके कैरियर के बारे में सोचें। इस प्रकार की सोच अपनाएं। समय का पता नहीं चलेगा कि कब व्यतीत हो गया। अपने परिवार, समाज और देश के लिए कुछ करते रहने की सोच पालें।

अपने सामाजिक, पारिवारिक और कामकाजी जीवन में अपने से बड़ी उम्र के लोगों का सम्मान करें, बराबरी के लोगों से मैत्री संबंध स्थापित करें और छोटों को स्नेह देकर कृतज्ञ हों। इस प्रकार की सोच ही मानसिक संतुष्टि का आधार है, अतः इसी सोच को सकारात्मक बनाएं। इस प्रकार की सोच जहां आपको दिखावे की प्रवृत्ति से बचाएगी, वहीं आप अपने सामाजिक जीवन में आडंबरों से बची रहेंगी। निरर्थक कल्पनाओं से बची रहेंगी।

दिखावा एक मृगतृष्णा है, इसके दूरगामी परिणाम हमेशा घातक होते हैं, क्योंकि यह झूठ पर आधारित व्यवहार होता है, जो एक-न-एक दिन प्रकट हो ही जाता है। इस प्रकार की सोच पालकर आप अकारण ही भय और चिन्ताग्रस्त बनी रहती हैं। यही भय और चिन्ता आपको खुलकर हंसने भी नहीं देती, जबकि आप दिखावे के कारण ही जगहंसाई की पात्र बनती हैं।

आर्थिक अभाव कोई अभिशाप नहीं, इसलिए अपनी आर्थिक सीमाओं के अनुसार ही खर्च करें। अपने खर्चों को इतनी बुद्धिमत्ता से करें कि उसमें आपकी सुघड़ता दिखाई दे।

आप चाहे घर में हों अथवा संस्थान में, मंच पर हों अथवा मेहमानों के बीच, अपनी बातचीत, व्यवहार, पहनावे आदि में शालीनता, शिष्टता का हमेशा ध्यान रखें। अनावश्यक रूप से आभूषणों का लदान करके अथवा मेकअप लगाकर आप सुंदर नहीं बन सकतीं। अतः इस प्रकार के दिखावे से बचें।

आंसू बहाकर, क्रोध करके अथवा चिल्लाकर अपने आपको आकर्षण का केन्द्र बनाकर अपनी कमजोरियों का लाभ न उठाएं। न ही कभी तिल का ताड़ बनाकर दिखावे का प्रदर्शन करें।

अपनी कमजोरियों, दोषों, कमियों को सहज-सरल भाव से स्वीकारें और इन्हें दूर करने के लिए सकारात्मक पहल करें। दूसरों को दोषी ठहराना अथवा दूसरों पर दोषारोपण करना उचित नहीं।

भूल हो जाना स्वाभाविक है, अतः अपने से हुई भूल, गलती अथवा भ्रामक सोच के कारण लिए गए गलत निर्णयों को मन-ही-मन स्वीकारें, हो सके तो संबंधित व्यक्ति से क्षमा याचना भी कर लें। वास्तव में पश्चात्ताप करने से मन का बोझ कम होता है। दूसरी और एक भूल को छिपाने के लिए निरन्तर भूल करते जाना आपकी कठिनाइयां बढ़ाएगा और आप इन कठिनाइयों से कभी भी मुक्त न हो पाएंगी।

अपनी सामाजिक और पारिवारिक प्रतिबद्धता से जुड़ें, इसे स्वीकारें। तदानुसार आचरण करें।

दूसरों की अपेक्षा अपने बारे में सोचें। ऐसी महिलाओं से बातचीत न करें, जिनका ध्यान आकर्षित करने के लिए आपको बार-बर उनके हाथ-पर-हाथ मारकर उनका ध्यान अपनी ओर आकर्षित करना पड़ता हो। इस प्रकार का व्यवहार इस बात का द्योतक है कि उन्हें आपकी बातचीत में कोई रुचि नहीं है और वह आपसे छुटकारा चाहती हैं।

अपने बनाव-शृंगार को अथवा अपने घर की साज-सज्जा को महंगे शो पीस अथवा सौंदर्य सामग्री से सजाने की आवश्यकता नहीं, बल्कि इस विषय में अपनी कलात्मक अभिरुचि का परिचय दें। फूल-पत्तों, सूखी टहनियों से भी आप अपने चिन्तन को सक्रिय बना सकती हैं। सादगी पूर्ण मेकअप भी आपके व्यक्तित्व को आकर्षक बना सकता है।

दिखावे से बचने के लिए अपनी इच्छाओं, कामनाओं को नियंत्रित रखें। अनावश्यक रूप से खरीद बिलकुल न करें।

अपनी बात को अतिरंजित करने के लिए अपनी ओर से बात में नमक-मिर्च लगाकर कल्पनाओं के पंख न लगाएं। कभी-कभी इस प्रकार की आदत का बड़ा गंभीर प्रभाव पड़ता है और अर्थ का अनर्थ हो जाता है।

अवसर के अनुकूल दूसरों के अच्छे कार्यों, व्यवहारों की खुले दिल से प्रशंसा करें।

दिखावे की सोच आपके व्यक्तित्व का एक ऐसा दोष है, जो आपके चिन्तन, व्यवहार और कल्पना शक्ति को पंगु बनाता है, इसलिए इससे बचें। अपनी सृजनशीलता से अपने घर-संसार को नया स्वरूप दें। आपकी इस प्रकार की सोच जहां आप को दिखावे की दलदल से बचाएगी, वहीं आप अपने पारिवारिक जीवन में प्रसन्न, संतुष्ट और सुखी रहेंगी।

अध्याय 8

पत्नी-धर्म नहीं, आचरण जरूरी

पत्नी यानी कि चरणों की दासी...। कैसी विडंबना है कि धर्मशास्त्रों में पति को देवतुल्य मानकर पत्नी को पतिव्रत धर्म का पालन करने के लिए बाध्य किया जाता है। स्वतंत्रता और समानता के इस युग में पत्नी-धर्म नहीं, आचरण जरूरी है। क्या है यह आचरण? इस विषय में आपकी सोच ही आपका पथ प्रदर्शक है।

एक समय था जब पत्नी को चरणों की दासी, पैरों की धूल, जूती, भोग्या और न जाने किन-किन विशेषणों से संबोधित कर अपमानित किया जाता था और इन सबके बाद भी पत्नी से पतिव्रत धर्म का पालन करने की अपेक्षा की जाती थी। स्त्री इन सब विरोधाभासों के बाद भी अपने पत्नी धर्म का पालन करती थी। दूसरी पत्नी और रखैल बनकर भी अपना जीवन व्यतीत करती थी। स्वतंत्रता और समानता के इस युग में जबकि स्त्री को उसके राजनीतिक अधिकारों से भी अलंकृत किया जा रहा है, उसे पत्नी-धर्म अपनाने के स्थान पर पत्नी आचरण का पालन कराना ही अधिक श्रेयस्कर है। वास्तव में यही एक ऐसा व्यवहार है, जिससे पत्नी के रूप में उसकी सामाजिक और पारिवारिक प्रतिष्ठा बढ़ती है और उसे उच्च स्तरीय जीवनयापन के सभी अवसर प्राप्त होते है।

विवाह के अवसर पर सप्तपदी के बाद पुरोहित वर-वधू को समाज के सामने जो कसमें दिलाता है, वे कसमें स्त्री पुरुष को जीवन-भर सहभागिता के योग्य बनाती हैं। इसमें पुरुष और स्त्री की कसमें कुछ इस प्रकार की हैं, जो परिवार की मान-मर्यादा को बनाती, सजाती, संवारती है, इन कसमों के बाद किसी भी प्रकार की कहीं कोई कमी पत्नी अथवा पति में नहीं रहती। इस दृष्टि से विवाह एक ऐसा धार्मिक और सामाजिक पवित्र अनुष्ठान है, जिसके परिप्रेक्ष्य में पत्नी का आचरण ही सर्वोपरि बनता है और यह आचरण ही उसे परिवार तथा समाज में प्रतिष्ठा के योग्य बनाता है।

पत्नी के रूप में आप कुछ सामान्य और शालीन शिष्टाचार अपनाएं। बहू और बेटी की मान-मर्यादा के अंतर को समझें। यह अंतर ही आपको प्रतिष्ठा के योग्य बनाएगा। अपने से छोटों को स्नेह देकर आप उनका मन जीत सकती हैं। हमारे सामाजिक जीवन में लक्ष्मण को छोटों का प्रतिनिधि समझा जाता है। स्नेह का यह भावनात्मक पक्ष ही आपके परिवार में एकता और पवित्रता लाता है। आप एकता की इस कड़ी को तभी मजबूत कर सकती हैं, जब आपका आचरण पारिवारिक अपेक्षाओं के अनुकूल हो।

पत्नी के रूप में आप अपने पति की तुलना अन्य किन्हीं बाहरी पुरुषों से न करें। इस प्रकार की तुलना में आप यह भूल जाती हैं कि इसका प्रभाव आपके पति पर क्या हो रहा है। एक उदाहरण लें। यदि आप अपने पति के सामने यह कहें–

"तुम्हारे मित्र मिस्टर वर्मा आए थे, बहुत देर तक बैठे रहे, आपका इन्तजार करते रहे। बड़े सरल स्वभाव के हैं...। देखने में भी बड़े सुंदर लगते हैं...। क्लीन शेव..., गोरा रंग..., एक आप हैं कि कभी दाढ़ी ही नहीं बनाते...। उनका

कपड़े पहनने का भी अपना सलीका है..., मुझे बहुत अच्छा लगा... ।''

यद्यपि बात बड़ी छोटी-छोटी है, लेकिन मनोविज्ञान की दृष्टि से यह एक तीखा व्यंग्य है। पति के मन में हीनता अपने आप अंकुरित होने लगेगी। बातचीत के ऐसे प्रसंग पति के आचरण के विरुद्ध है। ऐसे छोटे-छोटे प्रसंग भी आपको पति की नजरों से गिरा सकते हैं। पर-पुरुष की प्रशंसा अपने पति के सामने न करें। हो सकता है कि आपके पति प्रत्यक्ष में इस पर कोई प्रतिक्रिया अथवा विचार प्रकट न करें, लेकिन मानसिक तनाव का धुआं तो अंदर-ही-अंदर

पुरुष मन में घुमड़ता रहेगा और अवसर पाकर प्रकट भी होगा। अतः अपने व्यावहारिक जीवन में ऐसे किसी भी अप्रिय प्रसंग को न आने दें।

घर में आने वाले पुरुषों, महिलाओं, निकट संबंधियों, स्वजनों का मान-सम्मान तो करें, लेकिन उनमें अति उत्साह प्रदर्शित न करें। यह सम्मान आपकी वाणी में दिखाई देना चाहिए। वाणी की कर्कशता आपकी प्रतिष्ठा के अनुकूल नहीं। बड़े बूढ़ों का कहना है कि 'गुड़ न दे लेकिन गुड़ जैसी बात तो कह दे।' इसके लिए आप एक अनुकूल आदर्श अपनाएं। हमेशा 'जी हां...', 'जी नहीं' 'बहन जी', 'मां जी'

'आन्टी जी', 'अंकल जी'—'आप' जैसे शब्द मुंह से निकालें। ये शब्द आपकी वाणी को मधुर बनाएंगे और आपके व्यक्तित्व की शोभा बनेंगे। शब्दों की यह स्निग्धता आपके व्यवहार की विशेषता बन जाएगी।

मेहमानों के सामने या मुहल्ले, पड़ोस में जाकर अपना रोना न रोएं। न ही पति अथवा श्वसुर की किन्हीं कमियों, आदतों, व्यसनों का व्याख्यान घर के बाहर करें। 'बाबू जी का क्या है? उन्हें तो कुछ दिखता ही नहीं, दिन भर बैठे-बैठे सिगरेटें पीते रहते हैं और अखबार पढ़ते रहते हैं...। काम-धाम तो कुछ करते नहीं, हर बात में हुकुम चलाते रहते हैं...' जैसी बातें कहकर आप गृहिणी की मर्यादा को कम करती हैं। वास्तव में इस प्रकार की बातें आपको शोभा नहीं देतीं और न ही इससे परिवार का कुछ हित होने वाला है। इससे आप ही उनकी नजरों से गिर जाएंगी, जिनके सामने आप यह सब कह रही हैं। इसीलिए घर के अंदर की इस प्रकार की बातें कहकर आप जगहंसाई की पात्र न बनें।

यह तो सत्य है कि पति को आपके सहयोग की आवश्यकता होती है। घर और बाहर में उसकी अपनी जिम्मेदारियां भी होती हैं। आप भी अपनी जिम्मेदारियों का निर्वाह उनके सहयोग के बिना नहीं कर सकतीं। अतः आप जहां भी हों, उनका मनोबल बढ़ाएं। आपका संबल पाकर ही वे अपनी इन सामाजिक और पारिवारिक जिम्मेदारियों को पूरा कर सकेंगे। उनमें व्यक्त किया गया विश्वास ही उन्हें प्रेरित करेगा और वे आपके साथ कंधे-से-कंधा मिलाकर पति धर्म का पालन करेंगे। इसलिए उनमें कमियां अथवा दोष ढूंढ़ कर आप परिवार की किसी समस्या का हल नहीं कर पाएंगी। परस्पर विश्वासी आचरण ही आधुनिक पत्नी का आचरण है। आप इस विश्वास को भी भंग न होने दें।

अपनी खुशियों को घर में तलाशें। जो महिलाएं अपनी खुशियां घर के बाहर तलाशती हैं, वे गुमराही के अंधेरों में भटकने के सिवाय कुछ प्राप्त नहीं कर पातीं और हमेशा भटकती ही रहती हैं। उनका जीवन कटी पतंग-सा बनकर रह जाता है।

आज के आर्थिक युग में जहां पति-पत्नी, दोनों ही कमाते हैं, वहां पत्नी का आचरण कुछ अधिक ही प्रगतिशील दिखाई देता है। कभी-कभी उसकी यह प्रगतिशीलता की सोच इतनी अधिक अहंवादी हो जाती है कि अहं की इस सोच में पति-पत्नी दोनों के 'ईगो' परस्पर में टकराने लगते हैं। परस्पर नासमझी के कारण पारिवारिक संबंधों में टकराव की स्थिति बनने लगती है। इस संबंध में यदि कामकाजी महिलाएं किन्हीं भ्रामक धारणाओं के कारण अपने आपको पति से सुपीरियर समझने लगती हैं, तो यह उनका भ्रम होता है। पति से सुपर बनकर आप परिवार में कौन से मान स्थापित करना चाहती हैं? फिर पति-पत्नी के संबंधों में सुपर बनने का यह विचार कहां से पैदा हुआ? वास्तव में सुपर बनने की यह सोच ही गलत है। यदि यह स्वीकार भी कर लें, कि पत्नी ही पति से सुपर है, तो इससे पारिवारिक परिवेश में क्या श्रेष्ठता आ जाएगी?

इस प्रकार के निरर्थक संपर्क में आने वाले पुरुषों-महिलाओं से अपना व्यवहार सौजन्यपूर्ण रखें। सौजन्यता और सौहार्दता का यह व्यवहार ही आपको उनसे प्रतिष्ठा दिलाएगा। पुरुषों से मैत्री संबंध एक सीमा तक ही रखें। वास्तव में हमारे सामाजिक जीवन में पुरुषों से मैत्री संबंधों को कोई मान्यता नहीं मिलती है और न ही इस प्रकार के मैत्री संबंधों को कोई पसंद करता है। अतः आप ऐसे मैत्री संबंधों को बढ़ाकर अपनी पारिवारिक समस्याएं क्यों बढ़ाना चाहती हैं? इससे आप उपहास का केन्द्र बनेंगी। यदि विवाह से पूर्व आपके प्रेम-प्रसंग किसी के साथ जुड़े थे, तो इसका जिक्र भूलकर भी पति से न करें। पति चाहे कितना ही उदार क्यों न हो, आपसे कुछ न कहें, किन्तु सारे जीवन के लिए उसके मन से यह कांटा निकल नहीं पाता। एक कुंठा उसे घेर लेती है। उसका आत्मबल क्षीण हो जाता है। कुछ पति ऐसे भी होते हैं कि इन पुराने संबंधों की छुरी से पत्नी को हर पल घायल करते रहते हैं। पत्नी चाहे कितना भी सहयोग करे, प्रेम करे, किन्तु अविश्वास की गांठ खोले नहीं खुलती।

पत्नी आचरण अपनाकर पति और परिवार के प्रति समर्पण की ये भावनाएं ही दांपत्य संबंधों की आधारशिला हैं। इसके व्यावहारिक पक्ष को अपनाएं और अपने घर को 'स्वीट होम' बनाने की कल्पना को साकार करें।

पत्नी हर क्षण पति पर अपनी आसक्ति प्रदर्शित करती रहती है। इस संबंध में जहां तक प्रगतिशील पति की सोच एवं व्यवहार का संबंध है, पत्नी का व्यवहार उसमें अपेक्षित परिवर्तन ला सकता है। एक सुघड़ पत्नी की सोच घर को स्वर्ग-नर्क बना सकती है। चूंकि पत्नी पति की शक्ति और प्रेरणा का स्रोत है, इसलिए पति को चाहिए कि वह पत्नी को संपूर्णगुण-दोषों सहित स्वीकार करें।

कहते हैं कि स्त्री और धरती को बहुत कुछ सहना पड़ता है। इस सत्य को पति के रूप में आपको भी स्वीकारना चाहिए कि पत्नी रूपी गृहिणी बहुत कुछ सहती है। पति का सहयोग पा कर उसकी आंतरिक शक्तियां दृढ़ होती हैं, वरना अकेली स्त्री तो बहुत कमजोर होती है। वह थोड़ी-सी ही विपरीत अथवा विषम परिस्थितियों का भी सामना नहीं कर पाती। हताश और निराश होकर टूट जाती है।

पति का स्नेहिल और संतुलित सहयोग पा कर वह शक्तिवान् बनती है। परिवार के उद्धार का आधार बनती है। पति-पत्नी के आचरण से यहां आशय केवल इतना ही है कि पति-पत्नी का रिश्ता संसार के सबसे अधिक जुड़ाव का रिश्ता है। हमारी सारी सामाजिक और पारिवारिक, मनोवैज्ञानिक अपेक्षाएं इसी एक रिश्ते से जुड़ी हुई हैं। सामाजिक जीवन में अन्य सभी व्यवहार इसी एक रिश्ते की सरसता से प्रभावित होते हैं। पति-पत्नी का धर्म उनके आचरण से ही एक-दूसरे को बांधता है। एक दूसरे की भावनाओं को समझे बिना वे परस्पर जुड़ ही नहीं पाते। परस्पर का विश्वास उन्हें कुछ इस प्रकार से जोड़ता है कि चोट पति को लगती है और आहत पत्नी का दिल होता है। कुछ इस प्रकार के व्यवहार ही पति-पत्नी का आचरण है। पति को चाहिए कि वह पत्नी के स्वाभिमान को पहचाने, उसके स्वास्थ्य, रुचियों, आवश्यकताओं, इच्छाओं, समस्याओं को समझें और यथाशक्ति उन्हें हल करें।

कमियां किस में नहीं होतीं? पति-पत्नी की इन कमियों, कमजोरियों, दोषों को सरल हृदय से स्वीकारें व इन्हें दूर करने का प्रयास करें।

पति-पत्नी की सोच और व्यवहारों में अनेक विसंगतियां और विरोधाभास मिलते हैं। कहीं पर पत्नी अधिक पढ़ी लिखी है, तो कहीं पति अधिक पढ़ा-लिखा है। पति सुंदर है, तो पत्नी प्रतिभाशाली है। पत्नी फूहड़ है, तो पति प्रशासनिक अधिकारी। ऐसे सभी संयोगों को पति-पत्नी को धैर्यपूर्वक स्वीकार करना चाहिए। समन्वय कर परस्पर सम्मानजनक समझौते कर अपने-अपने आचरण को एक-दूसरे की अपेक्षाओं के अनुरूप संवारना चाहिए। एक-दूसरे की इच्छाओं के प्रति समर्पित होकर सहयोग करें। इस प्रकार की सोच जहां उनके दांपत्य जीवन की सरसता को बढ़ाएगी, वहीं वे इन विरोधाभासों को सरलता से स्वीकार कर अपना जीवन सामान्य रूप से हंसी-खुशी बिता सकेंगे। ऐसे विरोधाभासों को ताने मार कर अथवा एक-दूसरे की हंसी उड़ाकर, एक दूसरे को नीचा दिखाकर दांपत्य जीवन में सरसता के फूल नहीं खिलाए जा सकते। न ही ऐसे व्यवहारों पर आत्महीनता का रोना रोकर आप अपनी किसी समस्या का हल कर सकती हैं।

पति-पत्नी के संबंध ही अन्य सभी संबंधों को प्रभावित करते हैं, इसलिए पति-पत्नी को चाहिए कि वे आपसी संबंधों को अंतरंगता की उस सीमा तक संवारे-स्वीकारें, जिनके बारे में धर्मशास्त्र कहते हैं कि पति-पत्नी के संबंध दो शरीर एक आत्मा हो जाते हैं। पति-पत्नी के ऐसे प्रगाढ़ संबंधों के लिए दोनों को एक दूसरे की तन-मन की भाषा समझनी-जाननी चाहिए।

पत्नी के तन की भाषा

पत्नी जब शृंगार कर बार-बार चूड़ियां खनकाए, तो समझ लें कि वह अपने रूप, सौंदर्य, शृंगार की प्रशंसा केवल आपके मुख से सुनना चाहती है। ऐसे क्षणों में मनुहार कर उसे मनाने में संकोच न करें, बल्कि अपनी ओर से उसकी इस इच्छा की पूर्ति करें।

किसी बाहरी व्यक्ति के सामने पत्नी आप पर झल्लाए, तो समझ लें कि वह आपकी किसी कमजोरी से परिचित

हो चुकी है, वह आपकी तांक-झांक को रंगे हाथों पकड़ चुकी है।

यदि पत्नी कुछ अधिक ही बोलने लगे, तो समझ लीजिए कि वह आप से अगली-पिछली शिकायतों का हिसाब करना चाहती है। अतः उसे शिकायत करने का अवसर अवश्य दें और उसकी शिकायत अवश्य सुनें।

कुछ अनूठा शृंगार कर जब वह आपकी प्रतीक्षा में बैठी हो, तो समझ लें कि आज उसका मन कहीं बाहर जाकर आपके साथ एकांत में बैठने का है। ऐसे क्षणों में आप उसे बाहर घुमाने अवश्य साथ ले जाएं।

अस्त-व्यस्त बाल, उतरा हुआ उदास चेहरा व लाल आंखें हों, तो समझ लीजिए कि तूफान आने वाला है, आपके आने से पूर्व वह काफी तनाव में रही है। अतः आप उसके इस तनाव को स्नेहिल व्यवहार से कम करें।

रसोई के बर्तन जब जोर-जोर से नीचे गिरने की आवाज सुनें, तो समझ लें कि पत्नी आपके विचारों से सहमत नहीं, पारा हाई है और आपको आत्मसमर्पण करना ही पड़ेगा।

घर में प्रवेश करते ही यदि स्नेहिल मुस्कान से आपका स्वागत हो, तो समझ लें कि आपको कुछ फरमाइशें पूरी करनी पड़ेंगी।

लज्जा नारी का सर्वोत्तम आभूषण है, वह अपने तन-मन की भावनाओं को जितने सुंदर रूप में प्रस्तुत करती है, पति के मन को उतने ही अधिक तीव्र रूप से छूती है, इसलिए आप अपने पति धर्म का पालन करते हुए पत्नी की इन भावनाओं को समझें, उससे जुड़ें। एक-दूसरे के साथ अटूट बंधनों में जीवन-भर बंधे रहें। सुघड़ता के ये आदर्श ही पति-पत्नी की भावनाओं के आदर्श हैं, जो दोनों को एक-दूसरे का जीवनसाथी होने का गर्व प्रदान करते हैं।

मन की भाषा

पति-पत्नी मन से यह चाहते हैं कि वे एक-दूसरे के गुणों की प्रशंसा अपने-अपने मित्रों, सहेलियों सह-कुटुंबियों से करें। एक दूसरे के रिश्तेदारों को मन से स्वीकारें। सम्मान देकर प्रतिष्ठा दें। आंखों में तिरते भावों को पढ़ें और फिर आंखों ही आंखों में इन भावों का आदान-प्रदान करें।

जन्म दिन, विवाह की वर्ष गांठ, बच्चे के जन्म दिन, त्योहारों, किसी पार्टी में आने-जाने जैसे अवसरों पर एक-दूसरे के लिए कुछ-न-कुछ उपहार लाना न भूलें। अच्छा हो, ये उपहार नितांत व्यक्तिगत उपयोग के हों। उपहार लेते-देते एक-दूसरे पर अहसान न थोपें, बल्कि इन उपहारों में अपनी-अपनी भावनाओं को संजोकर दें, ताकि आपके दांपत्य जीवन में आई रिक्तियां पूरी हो जाएं। पति, पत्नी को सुरक्षा, संरक्षण, नाम, प्रतिष्ठा देता है, इसलिए पत्नी के इन भावों को भी सामाजिक उपहार समझकर स्वीकारना चाहिए।

जब दोनों एक दूसरे से लड़ने-झगड़ने के मूड में हों, तो समझ लीजिए कि प्यार में कहीं कोई कमी हो रही है, इसलिए आप जल्दी ही घर लौटकर इस कमी की पूर्ति करें। ठीक उसी तरह से जैसे मशीन में तेल डालने से मशीन अच्छी तरह से बिना आवाज के चलने लगती है।

मन की भाषा समझने के लिए पति को पत्नी से जुड़ने की आवश्यकता है। मांग का लाल सिन्दूर, माथे पर लगी हुई सौभाग्य बिन्दी, मंगलसूत्र और सलीके से पहनी हुई साड़ी का अर्थ है कि उसे आपकी पत्नी होने पर गर्व है और वह अपने इस गर्व को प्रदर्शित करना चाहती है। इसलिए उसे किसी पार्टी, सहेली अथवा होटल में ले चलो।

जब आप अपनी किसी सहेली के पास जाकर अपनी भाग्यहीनता का रोना रोती हैं, तो समझ लीजिए कि आप अपने दांपत्य जीवन से संतुष्ट नहीं हैं।

शयन कक्ष की बदली हुई सजावट, बदले हुए परदे, चादरें, तकिए के कवर इस बात के सत्य को प्रदर्शित करते हैं कि आप अच्छे मूड में हैं और आप पति का संग चाहती हैं। उससे इसके लिए प्रशंसा चाहती हैं।

जब पति अपने मित्रों से आपकी सुघड़ता की प्रशंसा कुछ इस तरह से करें कि पत्नी प्रशंसा सुनकर फूली न समाए, तो समझ लीजिए कि पति महोदय निकट भविष्य में मित्रों को घर पर आमंत्रित करना चाहते हैं।

पति-पत्नी के संबंधों में आई कटुता, परस्पर अविश्वास और अवैध संबंध उनके धर्म से भ्रष्ट होने में सहायक होते हैं। यौन रोग और अपराध बढ़ाते हैं। सामाजिक प्रदूषण फैलाते हैं, इसलिए इस तथ्य को स्वीकारें कि पति-पत्नी के मधुर संबंध ही आदर्श सामाजिक व्यवस्था के आधार हैं। अपने इन संबंधों में कहीं भी कडुवाहट न आने दें। इस विषय में अपनी सूझ-बूझ का परिचय देकर सुघड़ होने का गर्व अनुभव करें।

अध्याय 9

दांपत्य संबंधों में सरसता

परिवार की बुनियाद दांपत्य संबंध हैं। यानी पति-पत्नी के अंतरंग संबंध। इन संबंधों में मधुरता, निकटता, सहज व सरलता लाने के लिए आवश्यक है कि वे अपने इन अंतरंग संबंधों को सुदृढ़ करें। एक-दूसरे की भावनाओं का सम्मान करते हुए एक-दूसरे की आंखों में डूब जाएं और अंतरंगता के इन क्षणों में बहुत-सी सार्थक बातें करें। इन बातों से जहां उनकी अभिव्यक्ति को संतुष्टि मिलेगी, वहीं उनकी एक मनोवैज्ञानिक आवश्यकता भी पूरी होगी, जो शारीरिक आवश्यकता से अधिक जरूरी होती है। दांपत्य संबंधों के इन क्षणों में एक-दूसरे से नितांत व्यक्तिगत बातें करें, इच्छाएं जानें, भावनाओं को समझें, उन्हें आत्मसात् करें।

पति-पत्नी एक सामाजिक समझौते के आधार पर भावनात्मक रूप से एक-दूसरे के साथ जुड़ते हैं। इस जुड़ाव को विश्वास नाम के 'फेवीकोल' से जोड़ते हैं। इन में अविश्वास की ज़रा भी दरार दांपत्य संबंधों में दूरियां बढ़ाती है। आपस में बढ़ती दूरियों का एक कारण यह भी होता है कि पति-पत्नी एक दूसरे से बड़ी-बड़ी अपेक्षाएं करते हैं। इन अपेक्षाओं के पूरा न होने पर उलाहनों, तानों, व्यंग्य वाणों की बौछार होने लगती है। एक दूसरे पर कटाक्ष करना एक-दूसरे की आदत बन जाती है।

'नौकरी करती हो, तो कान खोल कर सुन लो, मुझ पर अहसान नहीं करती हो। पत्नी हो, पत्नी की तरह रहो, मुझे किसी का हुक्म सुनने की आदत नहीं... । मुझ पर हुक्म चलाने की कोशिश करोगी, तो नतीजा अच्छा न होगा... ।' जैसी चेतावनी-भरी बातें दांपत्य संबंधों में सरसता कहां से पैदा करेंगी? इस प्रकार की चेतावनी, व्यंग्य अथवा कर्कश शब्दावली और अपेक्षाओं का सिलसिला ऐसे व्यवहार हैं, जो दांपत्य संबंधों में मधुरता नहीं लाते। ऐसे व्यवहार ही दांपत्य संबंधों में कटुता, नीरसता, तनाव और टकराव तो लाते ही हैं साथ ही परस्पर स्नेह, विश्वास और सहयोग के स्रोतों को भी सुखाते हैं। दांपत्य संबंधों की दूरियां बढ़ाने वाला यह व्यवहार हमारे पारिवारिक जीवन की एक ऐसी समस्या है, जिसका समाधान हमें अपने स्तर पर केवल अपने विवेक से करना चाहिए।

आप चाहे गृहिणी हों अथवा कामकाजी महिला, पति हों अथवा पत्नी, अधिकारी हों अथवा कर्मचारी। आपका सामाजिक स्तर चाहे जो भी हो, संपर्क में आने वाले किसी भी व्यक्ति, मित्र, सहकर्मी, अथवा सह कुटुंबी से बात-बात में ताने न मारें, न ही किसी प्रकार का अमर्यादित हंसी-मजाक करें। न किसी प्रकार की अपेक्षाओं का रोना रोएं।

वास्तव में तानें मारकर आप अपनी दूषित और संकीर्ण मनोवृत्ति का परिचय देती हैं। हंसी-मजाक कर आप अपने मन की हीनता, असंतोष और प्रतिशोधी भावनाएं व्यक्त करती हैं। यदि दूसरा आपकी इस मनोवृति को समझकर आपके साथ नहले पर दहले का व्यवहार करता है, तो आप अपनी हीनता छिपाने के लिए उस भाव को हंसकर टाल जाती हैं। जबकि लोग आपकी बात-बात में ताने मारने, जली-कटी सुनाने की मानसिकता को खूब अच्छी तरह से समझ जाते हैं। आप अपने पारिवारिक जीवन में भी इन

आदतों से बाज़ नहीं आतीं और यही कारण है कि आपका दांपत्य जीवन भी नदी के दो किनारे जैसा बनकर रह जाता है। आपको कभी-कभी तो अपने ही प्रियजनों से इस आदत के कारण 'खरी-खोटी' सुनने को मिलती है और आपको नीचा भी देखना पड़ता है।

सपना के साथ कुछ ऐसा ही हुआ। संकीर्ण मनोवृत्ति के कारण बात-बात में आपे से बाहर हो जाना उसकी आदत बन गई। छोटी-छोटी बातों में भी वह सनक जाती। उसकी इस आदत के कारण पति का घर के प्रति आकर्षण कम होने लगा, वह रात देर से घर आता और बिना कुछ खाए सो जाता। आखिर दांपत्य संबंधों में इतना बिखराव आ गया कि तलाक के बाद ही समस्या हल हुई।

ताने मारना अथवा जली-कटी सुनाने का एक मनोवैज्ञानिक कारण यह भी है कि आप अपने आपको दूसरों से 'श्रेष्ठ', 'बुद्धिमान', 'प्रगतिशील सोच वाली' समझती हैं और परिवार के हर सदस्य पर अपना प्रभाव जमाना चाहती हैं। दूसरों को नीचा दिखाने में आपको आत्मसंतुष्टि मिलती है। वास्तव में इस प्रकार की सोच आपको 'घमंडी' बनाती है और पति को 'दब्बू' अथवा 'लल्लू' बनाती है। आपकी उच्चता का यह व्यवहार अन्य लोगों से छिप नहीं पाता और वे आपको उसी नज़रिए से देखने लगते हैं। इससे आपकी मान-प्रतिष्ठा नहीं बढ़ती, बल्कि पति को भी आपके इस व्यवहार के कारण कई बार नीचा देखना पड़ता है।

'भल्ला साहब को तो पार्टी में जाने के लिए हाई कमान से मंजूरी लेनी पड़ेगी...।' जैसी बातें आपके पति को केवल आपके इस व्यवहार के कारण ही सुननी पड़ती हैं।

वास्तव में आप अपने पति का सम्मान करें। परिवार और संपर्क में आने वाले प्रत्येक छोटे-से-छोटे व्यक्ति का भी मान-सम्मान करें। दूसरों के गुण, प्रतिभा और योग्यता की प्रशंसा करें। दूसरों की सफलताओं, उपलब्धियों पर प्रसन्न हों और उन्हें दिल खोलकर इसके लिए बधाई दें, शुभ कामनाएं दें। प्रशंसा करें। उनकी खुशियों में शामिल हों।

परिवार के सदस्यों, पति और सास से समन्वय करके ही आप स्नेह-स्रोतों को स्थायी बना सकती हैं। इसलिए पति की किसी कमज़ोरी, दोष अथवा हीनता का मज़ाक न उड़ाएं, न ही अपनी श्रेष्ठता प्रदर्शित करें।

पति-पत्नी परस्पर एक सामाजिक समझौते के आधार पर भावनात्मक रूप से एक-दूसरे के साथ जुड़ते हैं। इस जुड़ाव को आप परस्पर विश्वास के साथ ऐसे जोड़ें कि उसमें अविश्वास की ज़रा-सी भी दरार कभी पैदा न हो। दांपत्य संबंधों के मनोवैज्ञानिक का कथन है कि पति-पत्नी की लड़ाई अथवा नोक-झोंक चौबीस घंटे से अधिक की नहीं होनी चाहिए। चौबीस घंटे के अंदर-अंदर युद्ध विराम की स्थिति आ ही जानी चाहिए। मेल हो ही जाना चाहिए।

तानों अथवा अपेक्षाओं का व्यवहार दांपत्य संबंधों की सरसता को लीलने वाला व्यवहार है। इन संबंधों की डोर को नयनों से बांधें। भावनाओं से जोड़ें। दांपत्य संबंधों को कभी सूखने न दें।

पारिवारिक जीवन की खुशहाली का आधार दांपत्य जीवन की सरसता है। सरसता के इस स्रोत को कभी न सूखने देने की जिम्मेदारी पति-पत्नी की है। इन संबंधों को प्रगाढ़ बनाने के लिए एक-दूसरे की इच्छाएं, भावनाएं, शारीरिक और मनोवैज्ञानिक आवश्यकताओं को समझें, उन्हें पूरा करें।

दांपत्य जीवन में मधुरता लाने के लिए एक-दूसरे को हमेशा प्रशंसा की नजरों से देखें। एक-दूसरे में अपनी कल्पनाएं साकार करें। जो लड़कियां अपने पति में फिल्मी हीरो जैसे 'ही मैन' की कल्पनाएं करती हैं और फिर निराश होती हैं, उनका दांपत्य जीवन कभी खुशहाल नहीं हो पाता। इसलिए ऐसी लड़कियों को फिल्मी ग्लैमर की दुनिया से बाहर निकल कर सोचना चाहिए कि फिल्मी परदे की कहानी तीन घंटे की होती है, जिन्दगी की वास्तविकताओं से जुड़ें। वास्तविक जीवन के हीरो फिल्मी हीरो से अधिक सशक्त होते हैं। उनमें ही अपने 'ही मैन' को तलाशें, वे अधिक संतुष्ट होंगी।

घर आए पुरुष मित्रों, मेहमानों का स्वागत करने में अति-उत्साही न बनें। न ही ऐसे पुरुषों अथवा मेहमानों से संबंध बढ़ाने की सोच पालें। इस विषय में हमेशा पति के पीछे ही रहें।

एक-दूसरे के कानों में धन्यवाद, थैंक्यू जैसे शब्दों की अभिव्यक्ति करने में कंजूसी न बरतें, विशेषकर तब, जब आपने 'उपहारों' का आदान-प्रदान किया है। उपहारों का यह आदान-प्रदान मन को छूने वाला होना चाहिए। उपहार आप एक दूसरे को नितांत व्यक्तिगत भी लाकर दे सकते हैं।

जब कभी भी किसी पार्टी, उत्सव अथवा विवाह समारोह में जाएं, तो एक दूसरे को हमेशा तलाशी हुई आंखों से देखें। आंखों का यह जुड़ाव आपको सामाजिक प्रतिष्ठा भी दिलाएगा और दांपत्य जीवन में सरसता भी लाएगा।

एक-दूसरे से मनुहार करने में संकोच न करें। इस प्रकार का मनुहार दांपत्य जीवन में निकटता और सरसता लाता है। एक-दूसरे की आंखों में आकर्षण बढ़ाता है।

आप चाहे घर में हों अथवा बाहर, शयन कक्ष में हों अथवा होटल में अपना खान-पान, पहनावा, बनाव शृंगार, सुगंध आदि में एक-दूसरे की पसंद जानें और इसका पूरा-पूरा ख्याल रखें।

दांपत्य जीवन की सरसता को बनाए रखने के लिए दो-चार दिन की जुदाई अर्थात् दूर-दूर रहने के अवसर भी हाथ से न जाने दें। एक दूसरे से कुछ दिन दूर रहने का भी अभ्यास करें। इस प्रकार की दूरियां आपके दांपत्य संबंधों की नजदीकियां बढ़ाती हैं।

लगातर एक जैसी जिन्दगी से बोरियत होने लगती है। इसलिए वर्ष में कम-से-कम एक बार अथवा जब भी इच्छा हो, पति-पत्नी घर के बाहर बच्चों से दूर कहीं पर्यटन पर ले जाएं। एक बंधी-सी जिन्दगी से हटकर कुछ नयापन अनुभव करें। इस प्रकार की सोच और व्यवहार दांपत्य जीवन की नीरसता को दूर करेगा और आप हमेशा अपने को नया अनुभव करेंगे।

दांपत्य संबंधों की दृढ़ता पारिवारिक जुड़ाव को सुदृढ़ करती है। पति-पत्नी मिलकर परिवार की सभी समस्याओं को हल करें। परिवार में आए तूफान और बिखराव की स्थिति का सामना दोनों मिलकर करें।

पति-पत्नी का विश्वास, परस्पर का आकर्षण और जुड़ाव ही एक-दूसरे को रास्ते पर ला सकते हैं, इसलिए अगर कहीं ऐसी स्थिति निर्मित होते देखें, तो बड़े धैर्य, साहस और विवेक से काम लें।

पति अथवा पत्नी से हुई गलतियों अथवा घटित हुए हादसों, दुर्घटनाओं को बार-बार याद दिलाकर एक-दूसरे को अपमानित न करें। विश्वास प्रदर्शित कर आहत मन को राहत दें।

आपसी विवादों को अदालत के दरवाजे तक न ले जाएं। तलाक कोई सम्मानजनक समाधान नहीं और न ही उज्ज्वल भविष्य की गारन्टी है।

दांपत्य जीवन की सरसता और सफलता के लिए हमेशा अपनी सोच को अपने पर लागू करें। अगर आप उसके स्थान पर होते, तो आप क्या करते अथवा क्या चाहते। बस, आप भी पति-पत्नी के साथ कुछ ऐसा ही व्यवहार करें। इस प्रकार की सोच और व्यवहार ही आपको अनावश्यक तनावों से बचाएगा एवं पति-पत्नी के संबंधों की निकटता बढ़ाएगा।

छुट्टी का पूरा दिन बच्चों और पत्नी के लिए सुरक्षित रखें। पति-पत्नी और बच्चों को सदैव इस बात का अहसास कराते रहें कि आप उनके हैं, केवल उनके और उन्हीं के बने रहेंगे।

पारिवारिक जीवन का नियोजन पति की सहमति, सलाह, सहयोग से करें। लक्ष्य के प्रति दोनों समर्पित मन से जुड़ें।

दांपत्य जीवन में परस्पर सौहार्द और भावनात्मक निकटता दो ऐसे सूत्र हैं, जिन्हें कभी भी सूखने न दें। इनके सूखते ही दांपत्य जीवन का पौधा मुरझाने लगेगा। परस्पर मधुरता समाप्त होने लगेगी। परस्पर सौहार्द के द्वारा सुयोग्य, सुघड़ गृहिणी और आदर्श पति-पत्नी होने का गर्व अनुभव करें।

अध्याय 10

व्यस्त पति के संग—दें कुछ अपने रंग

व्यस्तता एक गुण है, व्यक्तित्व की विशेषता है। यही व्यस्तता जब अति व्यस्तता में बदलने लगती है, तो परिवार पर अभिशाप की काली छाया पड़ने लगती है। परस्पर का विश्वास अविश्वास में बदलने लगता है। व्यस्तता को अति व्यस्तता में न बदलने दें, पति की व्यस्तता को कुछ अपने रंग दें। ये रंग जहां पारिवारिक अपेक्षाओं को पूरा करेंगे, वहीं पति की सोच में भी बदलाव लाएंगे। बस, प्रयास कर देखें...।

''काम! काम!! काम!!! अगर तुम्हें अपने काम से इतना ही लगाव था, तुम इतने ही व्यस्त थे, तो फिर तुमने मुझसे शादी क्यों की? मेरी भावनाओं के साथ खिलवाड़ करने का क्या हक था तुम्हें...। और तो सब कामों के लिए तुम्हारे पास समय है। बस, मेरे पास ही बैठने के लिए तुम्हारे पास समय नहीं...। सुबह से शाम हो जाती है और शाम से रात...। बच्चे हैं कि तुम्हें देखने के लिए तरस जाते हैं...। तुम्हारे साथ खेलने-बोलने के लिए इन्तजार करते रहते हैं और एक तुम हो कि...।''

''तो तुम क्या चाहती हो, अपने सारे काम छोड़कर तुम्हारे सिरहाने बैठकर तुम्हारी लटों को संवारता रहूं...।''

''अगर मेरी लटों से इतनी ही एलर्जी थी, तो मुझसे शादी क्यों की...।'' ये संवाद अथवा पति-पत्नी की बातचीत किसी हिन्दी फिल्म के संवाद नहीं, बल्कि एक व्यस्त पति की व्यस्तता पर पति-पत्नी की नोक-झोंक के ऐसे संवाद हैं, जो मध्यवर्गीय परिवारों में कभी भी सुनने को मिल जाते हैं। हमारे सामाजिक जीवन में ऐसे अनेक पति हैं, जो अपनी व्यस्तता के कारण न तो पत्नी के सजे-संवरे रूप को देखते हैं और न उसकी भावनाओं की कद्र करते हैं। अपनी असीम आर्थिक आवश्यकताओं के कारण वे इतने अधिक व्यस्त रहते हैं कि उन्हें पत्नी की ओर देखने का समय ही नहीं मिलता। अधिकांश स्त्रियों को पति की इस प्रकार की व्यस्तता न तो 'रास' आती है और न वे पसन्द करती हैं, इसलिए समय-समय पर पति की व्यस्तता को कुछ इसी प्रकार से आक्रोशमयी अभिव्यक्ति देती हैं। वास्तव में पति की इस प्रकार की व्यस्तता और पत्नी की इस प्रकार की अभिव्यक्ति जहां दांपत्य संबंधों की दूरियां बढ़ाती हैं, वहीं पति-पत्नी में परस्पर कटुता, वैमनस्य, क्रोध, कुंठा, खीझ और दुर्भावना भी लाती हैं।

इस संबंध में पत्नी को चाहिए कि वह पति की इस व्यस्तता को सहज, सरल व्यवहार माने और उसमें अपनी ओर से क्रोध, खीझ अथवा ताने मारने की अपेक्षा सहयोग दें, ताकि पति की यह व्यस्तता उसके व्यक्तित्व की विशेषता बन जाए। जब आप पति की व्यस्तता को सहज व सरल रूप में स्वीकार लेंगी, तो पति के मन में आत्मीय भाव जागृत होगा और उसमें परिवार के प्रति आकर्षण पैदा होगा। वह अपनी व्यस्तता में से कुछ समय आपके लिए, बच्चों के लिए अवश्य निकालना चाहेगा।

यदि आप किसी ऐसे व्यवसायी, व्यापारी, पत्रकार, संपादक, सामाजिक कार्यकर्त्ता की पत्नी हैं अथवा अधिकारी की पत्नी हैं, तो उसकी पत्नी होने का गौरव अनुभव करें। समाज में उसका जो विशिष्ट स्थान है, उस स्थान को पाने के लिए, उस तक पहुंचने के लिए उसने जो मेहनत की है, उसे

अतिरिक्त समय देना पड़ा है, उसके लिए उसने जो त्याग किए हैं, उसे मान प्रतिष्ठा की बात मानें। इसलिए उसकी व्यस्तता को कोसना किसी भी प्रकार से उचित नहीं। यदि पति का कारोबार नया है, बड़ा है, वे किसी विभाग के स्वतंत्र प्रभारी हैं, जिम्मेदार अधिकारी हैं, निरीक्षक अथवा प्रबन्धक हैं, तो स्वाभाविक ही है कि उन्हें कुछ अतिरिक्त समय देना ही पड़ता है। वैसे आजकल लोगों को अपनी ''पोजीशन'' बनाने के लिए न जाने कितने पापड़ बेलने पड़ते हैं, यदि ऐसे लोगों को पत्नी का समुचित सहयोग नहीं मिलता, स्नेह अथवा विश्वास नहीं मिलता, तो उनकी मानसिक स्थिति खराब हो जाती है। अतः आपको पति की व्यस्तता को सकारात्मक रूप से देखना चाहिए और उसकी व्यस्तता को प्रतिष्ठा देनी

चाहिए। पति के काम की भूमिका को समझें, उससे सहयोग की मानसिकता पालें। यदि आप पढ़ी लिखी हैं, तो पति का पत्र-व्यवहार, पत्रों के उत्तर अथवा लेखन कार्य को आप कर सकती हैं।

यदि आप स्वयं कामकाजी हैं, तो पति के कार्य में, उसकी कार्य योजना में, विचार और निर्णयों में उसका सहयोग कर सकती हैं। घर आए मेहमानों का स्वागत, विवाह-शादी आदि में जाना, आना, सामाजिक संबंधों का निर्वाह, बच्चों की पढ़ाई-लिखाई, गृह कार्य, घर का हिसाब-किताब, सामान आदि लाना, नल, बिजली, टेलीफोन, अखबार वाले के बिल का भुगतान आदि ऐसे कार्य हैं, जो आप स्वयं करके पति की व्यस्तता कम कर सकती हैं।

समय-समय पर पति से परिवार की समस्याओं पर चर्चा करें। उन्हें बच्चों की सफलताओं से परिचित कराएं और उनके भविष्य के बारे में बताएं। इस प्रकार की समस्याओं पर विचार करते समय अपने अभावों का रोना न रोएं और न ही इन समस्याओं के कारण अपनी हीनता ही प्रकट करें।

''सूरी साहब को ही देख लो, लड़की की शादी में आठ लाख खर्च कर दिए हैं और अब आदर्श नगर में नया फ्लैट ले रहे हैं और एक आप हैं कि अन्नू की चिन्ता ही नहीं, बीस की हो गई है...।''

स्पष्ट है कि आप पति को कोई बड़ा हाथ मारने के लिए प्रेरित कर रही हैं। आपकी इस प्रकार की प्रेरणा उन्हें जहां मानसिक रूप से तनावग्रस्त बनाएगी, वहीं वे किसी बड़े 'गबन' अथवा 'घोटाले' के लिए हाथ-पैर मारेंगे और वे रात-दिन इसी फिराक में रहेंगे।

पति की व्यस्तता पर उन्हें प्रताड़ित करना, उन्हें अपमानित करना अथवा 'विजी विदाउट वर्क' कहकर उनका मजाक उड़ाना ठीक नहीं। 'तुम से कुछ होता तो है नहीं। पता नहीं, तुम्हें कब जाकर अक्ल आएगी...। घर में बहू आने वाली है, जंवाई आएगा, तुम हो कि बाहर ही खुश रहते हो, पता नहीं कैसे आफ़ीसरी करते हो...?' जैसी बातें पति में हीनता लाएंगी और वह घर से दूर ही रहने लगेगा। कुछ पति तो व्यस्तता के नाम पर दोस्तों के साथ ताश, रमी खेलने में 'व्यस्त' रहते हैं। आशय यह है कि पति की व्यस्तताओं में आपको सहयोग देना चाहिए, ताकि उनकी व्यस्तताएं कम हों, भले ही वह घर में बैठकर ताश खेलना ही क्यों न हो।

पति को उनकी पारिवारिक जिम्मेदारियों का अहसास कराते रहना चाहिए। उन्हें इस बात का अहसास कभी न होने दें कि उनके विचार, मत, सुझाव अथवा निर्णय का कोई महत्त्व नहीं। वास्तव में उनके विचार, मत, सुझाव को मान्यता और प्रतिष्ठा दें। अपने स्नेहिल व्यवहार से उन्हें जीतें। उनकी व्यस्तता के प्रति विद्रोह अथवा प्रतिशोधी भावनाएं मन में न लाएं। पति के सामने अपनी हीनताओं का रोना भी न रोएं, न ही अपने ऊपर होने वाले अन्यायों की दुहाई दें।

''मैं भी तो नौकरी करती हूं, घर भी संभालती हूं, बच्चे भी पालती हूं, मां जी की जली-कटी भी सुनती हूं...। क्या सुख है मुझे...?'' जैसी बातें कहकर पति के स्नेह से वंचित न हों।

परस्पर विश्वास, समझ, समर्पण, सम्मान ऐसे रंग हैं, जो पति की व्यस्तता को अपने रंग देकर और भी आकर्षक बना देंगे, इसलिए पति की व्यस्तता को अपने रंग दें, उन्हें विश्वास में लेकर उनका विश्वास प्राप्त करें। विश्वास की प्रेरणा पाकर जहां आप स्नेह, सहयोग और आत्मीयता प्राप्त करेंगी, वहीं पति की व्यस्तता भी कम होगी। आखिर पति की व्यस्तता भी तो आपके लिए है, बच्चों के वर्तमान और भविष्य के लिए है, आप भी इसे इसी रूप में स्वीकारें, उनमें आक्रोश नहीं विश्वास व्यक्त करें।

अध्याय 11

पति की प्रेरणा बनें

सफल गृहिणी पति की प्रेरणा होती है, वह सबकी उन्नति को प्रेरित करती है। गृहिणी की प्रेरणा पाकर पति अपने कार्य क्षेत्र में नित्य नई सफलताएं प्राप्त करता है। सफलताओं के नित्य नए मान स्थापित करता है। इतिहास साक्षी है कि स्त्रियों ने ही पुरुषों को कर्म-क्षेत्र में संघर्ष के लिए प्रेरित किया है। वह चाहे अकबर बादशाह की पत्नी जोधाबाई हो या फिर दफ्तर के बड़े बाबू की पत्नी रामकली। आप भी पति की प्रेरणा बनें। आखिर आपका भी एक भरा पूरा घर-संसार है।

सामाजिक जीवन में यह कथन प्रचलित है कि किसी भी पुरुष के महान् बनने में किसी एक महिला का हाथ अवश्य होता है। इसका यह अर्थ लगाया जाता है कि पत्नी ही वह महिला है, जो पति की प्रेरणा बन उसे महान् बनाती है। पत्नी का सहयोग परिवार की प्रगति के लिए नए-नए सोपान स्थापित कर सकता है। परिवार में कठिन और विषम परिस्थितियों के कारण केवल पत्नी ही पति का सहारा बनती है, उसे संबल प्रदान कर उसका मनोबल बढ़ाती है, यही मनोबल उसकी प्रेरणा बनता है। पत्नी का सहयोग पाकर पति दिन-भर कठिन परिश्रम तो करता ही है, साथ ही वह अपने आपको हर प्रकार के संघर्ष के लिए भी मानसिक रूप से तैयार करता है। इस संबंध में इतिहास के कई उदाहरण हमारे सामने हैं। अगर रत्नावली ने तुलसी को प्रेरणा न दी होती, तो वे महान् कवि न बने होते। इसी प्रकार से कहते हैं कि कार्ल मार्क्स जैसे विचारक को भी प्रेरणा देने वाली उसकी पत्नी ही थी। उसकी पत्नी जैनी ने उसे सफलता के नए मान स्थापित करने में पूरा-पूरा सहयोग दिया, जैनी पूरी-पूरी रात जागकर मार्क्स को लिखने के लिए प्रेरित करती थी। उसके लिए चाय बनाकर लाती, उसकी अन्य सभी सुख-सुविधाओं का ध्यान रखती। हिंदी साहित्य में कुछ स्त्री चरित्र केवल पति प्रेरणा के लिए अमर हो गए। यशोधरा, उर्मिला, लोई, कमला नेहरू आदि का चरित्र और व्यक्तित्व इस बात को प्रदर्शित करता है कि पति की प्रेरणा बनने की ललक पत्नी में शाश्वत रूप से होती है और वह कहीं भी पति की प्रगति में बाधा नहीं बनती।

महात्मा बुद्ध की पत्नी यशोधरा ने नारी समाज का प्रतिनिधित्व करते हुए स्वयं अपनी सखि से प्रश्न किया–

सखि! वे मुझ से कह कर जाते।
तो क्या मुझे वे अपनी पथ-बाधा ही पाते?

हमारे सामाजिक और पारिवारिक जीवन में भी ऐसे अनेक उदाहरण हैं, जहां पति की प्रगति के लिए पत्नियों ने अनेकानेक त्याग किए हैं। पत्नी, पति की प्रगति में कभी बाधक नहीं बनी है। उसका प्रेरणास्वरूप ही पारिवारिक प्रगति का आधार रहा है, इसलिए आप भी पति की प्रेरणा बन अधिक सुख-संतोष, अधिक सुखानुभूति का अनुभव कर सकती हैं।

प्रति वर्ष सैकड़ों युवक विदेश जाते हैं, अध्ययन और रोज़ी-रोटी के लिए सुदूर शहरों में जाते हैं। सैकड़ों वीर जवान पत्नी को घर अकेला छोड़ सीमा पर तैनात रहते हैं, क्या यह पत्नी का त्याग नहीं। अवसर व पारिवारिक अपेक्षाओं के अनुकूल आचरण कर पति का उत्साह बढ़ाएं। उसके काम में रचनात्मक सहयोग दें। उन्हें अधिक परिश्रम करने के लिए उत्साहित करें। उन्हें अनावश्यक रूप से तनावग्रस्त न होने

दें। अपनी योग्यता, प्रतिभा का लाभ उन्हें दें। आपकी भावनात्मक प्रेरणा व सहयोग उन्हें जीवन के प्रत्येक क्षेत्र में सफल बनाएगा। उनका कार्य क्षेत्र चाहे सरकारी हो अथवा गैर सरकारी, यदि आपका सहयोग और विश्वास उन्हें मिलता है, तो वे अपने कार्य को भलीभांति संपन्न करते हैं। यदि आपके पति के कार्य, उनकी प्रगति, उनकी सफलता से आपको कोई सरोकार नहीं, तो फिर पति अपने कार्यों में दिलचस्पी नहीं लेगा। उसे अपने कार्य में कोई रुचि न होगी, उसे किसी प्रकार की आत्मसंतुष्टि नहीं मिलेगी।

व्यक्ति अपने कार्य की प्रशंसा चाहता है, उसकी सफलता की चर्चा चाहता है, प्रशंसा पाकर जहां उसके अहं की संतुष्टि होती है, वहीं उसे और अच्छे कार्य की प्रेरणा मिलती है। इसलिए बहुत आवश्यक है कि पति की सफलताओं की आप चर्चा करें। उसकी खरीद की प्रशंसा करें। उसके निर्माता की प्रशंसा करें।

यह आवश्यक नहीं कि पत्नी ही प्रेरणा बने, प्रेमिका भी प्रेरणा बन सकती है। देवदास की नायिका (प्रेमिका) पारो का ही उदाहरण लें, जो गृहिणी होते हुए भी देवदास की प्रेरणा बनी रही। आशय यह है कि नारी का तो स्वरूप ही प्रेरणादायक है। इसलिए आप अपने भाई, पिता, मां, सहेली, पुत्र आदि सबके लिए एक आदर्श उदाहरण बन सकती हैं। यदि आप पति से छत्तीस का आंकड़ा बनाए रखती हैं, तो बहुत संभव है कि पति हमेशा भावनात्मक तनाव में रहें और फिर वे पूरे परिवार से खिंचे-खिंचे से रहें। कोई कारण नहीं

कि यह खिंचाव एक दिन टकराव और बिखराव का रूप न ले ले। ऐसे परिवारों में जहां पति-पत्नी में ठनी रहती है, वहां बच्चों को वह स्नेह और आत्मीयता नहीं मिलती, जो उनके व्यक्तित्व विकास के लिए आवश्यक है। पूरा परिवार एक अजीब-सी घुटन अनुभव कर बोझ-भरी नीरस जिंदगी जीता है।

मैं एक ऐसे डॉक्टर दंपती को जानता हूं, जिनमें हमेशा तू-तू, मैं-मैं होती रहती है और दोनों ही मेरे सामने एक-दूसरे को कोसते रहते हैं, अपने-अपने भाग्य का रोना रोते हैं। इस संबंध में मैंने कुछ जानने का प्रयास किया, तो पता चला कि डॉक्टर साहित्यिक प्रतिभा के धनी हैं। वे हमेशा कुछ-न-कुछ लिखते रहते हैं। कभी-कभी कुछ अच्छी पत्रिकाओं में छपा भी है, लेकिन उनका इस प्रकार से लिखना उनकी पत्नी को फूटी आंखों नहीं सुहाता। कविता, कहानी लिखना उनकी दृष्टि में 'घटिया स्तर' का काम है। वे हमेशा उनके लेखक मन को कोसती रहती हैं। केवल इतना ही नहीं, बल्कि कई बार तो बाहर मरीज़ बैठे होते हैं, तभी पत्नी की कर्कश आवाज़ उनके कानों में पहुंचती है—कवि महाराज, अब लिखना छोड़ो, अब तक तो तुमने न जाने कितने मेघदूत लिख डाले होंगे...? लेकिन कुछ मेरी भी सुनो...। तुम कालिदास तो बन नहीं सकते, आकर देख लो, तुम्हारी कविताओं से चूल्हा भी नहीं जलता है...। मूड ही बनाते रहेंगे कि कुछ घर की भी चिन्ता है। अगर कविता ही लिखनी है, तो बच्चों को किसी आश्रम में छोड़ आओ...। घर में दूध नहीं है...। चाय किससे बनाऊं...।

पत्नी की इस प्रकार की टीका-टिप्पणी सुन-सुनकर डॉक्टर भी तंग आ गया है, उसकी साहित्यिक प्रतिभा तो कुंठित हो ही गई है, लेकिन उसके मन की अन्य भावनाएं भी सूख गई हैं। अब उसने लोगों के बीच बैठना, उठना लगभग बंद-सा कर दिया है। चुपचाप गुमसुम से बैठे रहते हैं। न लोगों में रुचि लेते हैं और न पारिवारिक संबंधों में...। हमेशा एक गंभीर चुप्पी से घिरे रहते हैं।

डॉक्टर, इंजीनियर या दुकानदार होने से कोई अच्छा लेखक, कवि, चित्रकार, दार्शनिक अथवा विचारक नहीं बन सकता, यह तर्क ठीक नहीं। वास्तव में यह तो प्रतिभा है। यह सोचना उचित नहीं होगा कि डॉक्टर अच्छा लेखक नहीं बन सकता। वास्तव में कला और प्रतिभा का विकास प्रोत्साहन पाकर होता है। कला के विकास के लिए साधना की आवश्यकता होती है और पत्नी उसकी इस साधना में सहयोग कर सकती है।

आशय यह है कि पारिवारिक अपेक्षाओं की पूर्ति के लिए पति का सहयोग आवश्यक है। पति की प्रतिभा को मुखरित होने के अवसर प्रदान करें। अपने स्तर पर इन्हें सहयोग दें। पति का क्षेत्र चाहे जो भी हो, आपका सहयोग उनकी प्रगति में सहायक हो सकता है। घर में आने वाले अधीनस्थ कर्मचारियों अथवा उच्च अधिकारियों का मान-सम्मान करना आपका काम है। आपका व्यवहार ही उनके दिल में पति की प्रतिष्ठा को बनाएगा। वे विवेकशील आचरण कर ख्याति प्राप्त करेंगे, जिससे उनका वर्तमान और भविष्य प्रभावित होगा। पति की सफलताओं को ही अपनी सफलताएं मानें और उन पर गर्व कर उन्हें सराहें और अपनेपन का अहसास करें।

अपने अभावों, असफलताओं, दोषों अथवा हीनताओं के लिए पति को दोषी मानना अथवा पति को जिम्मेदार ठहराना, उन्हें कोसना, अपमानित करना आपके और आपके परिवार के हित में न होगा, इसलिए अपनी पारिवारिक कमजोरियों का प्रदर्शन दूसरों के सामने न करें, इससे आपकी कठिनाइयां और बढ़ेंगी और आप जगहंसाई की पात्र बनेंगी।

पति की किसी गलती के लिए मुंह फुलाना, कोप भवन में बैठना, सिर दर्द का बहाना बनाकर पड़े रहना, तानें मारना आदि ऐसे आचरण हैं, जिससे परिवार का वातावरण तनावग्रस्त होता है, साथ ही पति के धैर्य, विवेक और साहस पर भी विपरीत प्रभाव पड़ता है, इसलिए ऐसे किसी भी अवसर पर अपना आचरण संयत और संतुलित रखें।

आपका सहयोग पाकर जहां पति को साहस और विश्वास की शक्ति मिलेगी, वहीं उनके व्यक्तित्व में भी निखार आएगा, इसलिए आप अपनी भूमिका को समझें, पति की सहयोगी बन उसकी प्रेरणा बनें।

परिवार की चिन्ता व्यक्ति के चिन्तन, सोच और व्यवहारों को प्रभावित करती है। जब गृहिणी घर को भली प्रकार से संभालती है, तो पति आश्वस्त होकर, अपने बाहरी कामों को पूरी लगन, निष्ठा और उत्साह के साथ पूरा कर

उसमें सफलता प्राप्त करता है। इस दृष्टि से सफल गृहिणी ही पति की प्रेरणा होती है और वही पति की सफलताओं में सहायक बनती है।

कामकाज के दौरान घर आए अपने सहकर्मियों अथवा अपने वरिष्ठ अधिकारियों के मुख से अपनी पत्नी के सद्व्यवहारों, अच्छे आचरण, शालीनता, शिष्टता और सौहार्दपूर्ण व्यवहार की प्रशंसा सुनकर वह मन-ही-मन संतुष्ट होता है। उसे एक अच्छी सुघड़ पत्नी के पति होने का गर्व अनुभव होता है। संतुष्टि का यह भाव ही उसे अन्य अच्छे व्यवहारों के लिए प्रेरित करता है।

पारिवारिक जीवन में अधिकांश गृहिणियां घर खर्च स्वयं चलाती हैं। सीमित आय में भी अधिकतम संतुष्टि दिलाने का श्रेय सुघड़ पत्नी को ही होता है। पति उसकी इस कार्य कुशलता से सदैव संतुष्ट रहता है।

गृहिणी में परिवार के कर्त्ता के सारे गुण पाए जाते हैं। वह सबका समान रूप से ध्यान रखती है। परिवार की एकता को अप्रत्यक्ष रूप से पत्नी ही बनाकर रखती है। इस दायित्व को पूरा करने में वह पति के साथ बड़ा सहयोग करती है। गली-मुहल्ले में परिवार की प्रतिष्ठा पत्नी ही बढ़ाती है। पत्नी की इस सोच और व्यवहार से ही परिवार प्रतष्ठित होते हैं।

आशय यह है कि पत्नी की सोच और व्यवहार पति की सफलता के स्रोत हैं। इसलिए पत्नी को चाहिए कि वह अपने पति की रुचियों, इच्छाओं, भावनाओं को समझें और एक दूसरे की खुशियों के लिए समर्पित भाव से जुड़ें।

अध्याय 12

सुरक्षा कवच हैं—युवा बच्चों पर बंदिशें...

सामाजिक और पारिवारिक समस्याओं की शुरुआत युवा बच्चों की गलत सोच और व्यवहारों से होती है। किशोरावस्था की दहलीज पर कदम रखते ही युवा बच्चों की कल्पनाएं रंगीन होने लगती हैं। अभिभावकों का स्नेह, संरक्षण और विश्वास-भरी बंदिशें उसे न केवल दुनियादारी की ऊंच-नीच समझाती हैं, बल्कि उन्हें सामाजिक जिम्मेदारियों के योग्य भी बनाती हैं। इस विषय में आप अपनी सोच को व्यावहारिक बनाएं।

'आ गई महारानी...।' 'इतनी देर कहां लगा दी बेटी, फोन ही कर दिया होता...।', 'आज फिर इतनी रात कर दी सपना? ...तुमसे कितनी बार कहा है कि इतनी-इतनी देर बाहर रहना मुझे बिलकुल पसन्द नहीं। पता नहीं लोग कैसी-कैसी बातें बनाते हैं...।', 'फुरसत मिल गई लाटसाहब को अपने आवारा दोस्तों से...।'

ऐसा कोई दिन नहीं व्यतीत होता है, जब युवा लड़के-लड़कियों को अभिभावकों से इस प्रकार के व्यंग्य, ताने, उलाहने, टोका-टाकी न सुनने पड़ते हों। विशेषकर युवा लड़कियों के बारे में तो अभिभावकों की सोच इतनी आशंकित रहती है कि जब तक लड़कियां सुरक्षित घर नहीं पहुंच जातीं, तब तक उनकी आंखें दरवाजे पर ही लगी रहती है।

लड़के-लड़कियों पर इस प्रकार की बंदिशें लगाकर जहां अभिभावक उनकी सुरक्षा और संरक्षण का घेरा मजबूत बनाते हैं, वहीं उनकी सोच यह रहती है कि बच्चों को दी गई ज्यादा छूट कहीं उनकी असुरक्षा का कारण न बन जाए। लड़कों का घर से बाहर रहकर मौज-मस्ती में दिन काटना आम बात होती जा रही है, लेकिन युवा लड़कियों के बारे में अभिभावक हमेशा चिन्ताग्रस्त रहते हैं। कई-कई बार तो माता-पिता जानकर भी अनजान बने रहते हैं, उन्हें यह भय रहता है कि अगर युवाओं के साथ इस विषय में सख्ती के साथ पेश आएंगे, तो लड़के अभिभावकों के प्रति विद्रोह न कर बैठें। कभी-कभी तो इस प्रकार के अंकुश और बंदिशों से परेशान होकर लड़कियां भी खींझ उठती हैं। और कह ही उठती हैं कि "मां अब तुम मेरे बारे में इतनी चिन्ता मत किया करो, अब मैं दूध पीती बच्ची नहीं हूं। अपना भला-बुरा मैं खुद समझती हूं...।"

यद्यपि अभिभावक युवा बच्चों की इस प्रकार की बातें सुनकर संतुष्ट नहीं होते और बंदिशों की यह डोर कभी ढीली नहीं पड़ती, क्योंकि अभिभावक जानते हैं कि युवा बेटे-बेटियों का इस प्रकार से रात देर तक घर से बाहर बने रहना कितना जोखिमपूर्ण है। वे उनकी सुरक्षा के प्रति हमेशा आतंकित-से रहते हैं। युवा बेटे-बेटियों की सुरक्षा के बारे में अभिभावकों की यह चिन्ता और इस प्रकार की बंदिशें एक ऐसी समस्या हैं, जिन पर अभिभावकों को हमेशा गंभीरता से विचार करना चाहिए। इस विषय में उनकी जरा-सी लापरवाही कितनी बड़ी घटना को जन्म दे सकती है, इस विषय में कुछ भी नहीं कहा जा सकता। युवा बच्चों पर बंदिशें लगाकर अभिभावक उन्हें समझाते हैं, डांटते हैं, चेतावनी देते हैं। कई बार तो कुछ सख्ती से भी पेश आना पड़ता है, कुछ कड़ा रुख अपनाना पड़ता है। इस विषय में वास्तविकता यह है कि बच्चों की युवा भावनाएं रंगीन होती हैं। वे अपनी इन रंगीन कल्पनाओं

के दुष्परिणामों से बिलकुल अपरिचित रहते हैं। उन्हें तो अपनी गलतियों का अहसास तब होता है, जब पानी सिर से ऊपर हो जाता है।

युवा लड़के-लड़कियों की सोच बड़ी अपरिपक्व होती है। वे शीघ्र ही बातों में आ जाते हैं। विपरीत सैक्स के प्रति आकर्षण को ही वे प्यार समझने लगते हैं और इस प्रकार से अपने जीवन को दांव पर लगा देते हैं। इस विषय में अभिभावकों को चाहिए कि वे युवा बच्चों पर अंकुश अथवा बंदिशें लगाने की अपेक्षा उन्हें विश्वास-भरी नजरों से देखें। उन्हें अपने विश्वास के साथ ही घर से बाहर जाने दें और इस विषय में सुनिश्चित हो जाएं कि वे जहां भी जाएंगें, उनकी नजरों से जुड़े रहेंगे, सुरक्षित रहेंगे।

माताओं को चाहिए कि वे युवा बच्चों के मन की बातें सुनें और अगर उनके मन में किसी के लिए कोई आसक्ति भाव है, तो उनकी बातें सुनें और लड़के-लड़कियों को यह बता दें कि अपरिपक्व मानसिक सोच के आवेग-आवेश में वे ऐसा कोई कदम न उठाएं, जिससे उन्हें जीवन-भर तनाव-भरी जिन्दगी जीने के लिए विवश होना पड़े। आत्महीनता अथवा आत्मग्लानि का जीवन जीना पड़े।

सच तो यह है कि युवा बच्चों के विवाह के मामले में माता-पिता हमेशा भयभीत रहते हैं। वे जानते और समझते हैं कि उनके युवा बेटे अथवा बेटी को सुयोग्य जीवन साथी नहीं मिला, तो बच्चों के साथ-साथ उनका जीवन भी बोझ बन जाएगा। इसलिए वे इस अवस्था में उनकी सोच, व्यवहार

और आचरण पर इस प्रकार की बंदिशें लगाकर उनके प्रति सदैव सतर्क, सचेत बने रहते हैं। अब तो बड़े शहरों में इन कामों के लिए जासूसी एजेंसियों की सेवाएं भी ली जाने लगी हैं। यहां तक कि शादी संबंध पक्के हो जाने के बाद भी तथा कथित प्रतिष्ठित समाज में इस बात की जांच होने लगी है कि युवा अवस्था में लड़के-लड़की का आचरण कैसा रहा है? सच तो यह है कि मां-बाप को अपने बच्चों पर बंदिशें न लगाकर उन्हें सामाजिक जीवन का व्यावहारिक प्रशिक्षण देना चाहिए, ताकि वे उचित-अनुचित संबंधों के बारे में समझ सकें। बंदिशों के स्थान पर उनकी मानसिक दुविधाओं को समझना चाहिए। उन्हें संरक्षण, सुरक्षा और विश्वास प्रदान करना चाहिए। यदि अभिभावक अपनी मर्जी से लड़के-लड़कियों की शादी कर भी देते हैं, तो ऐसी शादी की सफलता की भी क्या गारन्टी। थोपे गये रिश्तों में तो और भी जल्दी उफान आता है।

आशय यह है कि युवा लड़के-लड़कियों को हमेशा शंका की दृष्टि से देखने की अपेक्षा विश्वास की दृष्टि से देखें। फिल्मी संस्कृति और आधुनिक ग्लैमर-भरी जिन्दगी की चमक का प्रभाव बच्चों पर शीघ्र पड़ता है, इसलिए युवा बच्चों को समझाएं कि दूर के ढोल सुहावने लगते हैं। प्रत्येक चमकने वाली धातु सोना नहीं होती। जब भी आप अपने युवा लड़के-लड़कियों की आंखों में उभरते लाल डोरे देखें, तो उन्हें अपने बारे में सोचने, निर्णय लेने के पर्याप्त अवसर प्रदान करें। उन्हें सजने-संवरने दें। उनके सजने-संवरने को एक सामान्य व्यवहार मानें। जरा-जरा सी बात में उन्हें बुरा-भला न कहें। जब भी आप अपनी युवा लड़की को एकांत में गुनगुनाते देखें, कुछ असामान्य से व्यवहार करते देखें, तो युवा बेटी की सहेली बन उसका साथ दें। उसके मन की बातें सुनें, जानें। उन्हें गुमराह होने से बचाएं। विपरीत सैक्स के प्रति उसकी भावनाओं को शमित करने के लिए उनकी अभिरुचियों को प्रदर्शित होने दें। उसमें सहयोग दें। उन्हें कला से जोड़ें।

किशोरावस्था की दहलीज पर कदम रखती लड़कियों को अकेला न छोड़ें। इस अवस्था में उन्हें व्यस्त रखने की सोच पालें। ध्यान रखें कि किसी भी स्थिति में उन्हें युवा लड़कों के साथ अकेला न छोड़ें। उसकी युवा सहेलियों की भी रुचियां जानें। बड़ी उम्र की सहेलियों के साथ न रहने दें।

कुछ बड़ी उम्र की लड़कियां उनकी संवेदनशीलता से अनुचित लाभ उठा सकती हैं। उनकी भावनाओं के साथ खिलवाड़ कर सकती हैं। युवा लड़कियों पर बंदिशें लगाने की अपेक्षा उनका साथ देना अधिक सकारात्मक सिद्ध हो सकता है। इसलिए उन्हें विश्वास-भरी नजरों से देखें। अविश्वास की स्थिति ही निर्मित न होने दें। युवा बच्चों के प्रति व्यक्त किया गया अविश्वास उन्हें परिवार के प्रति विद्रोही बनाता है। लड़के घर से भाग जाते हैं। यहां तक कि कभी-कभी लड़कियां भी ब्लैकमेल का शिकार होकर शारीरिक और मानसिक शोषण का शिकार होती हैं। युवा बच्चों के प्रति व्यक्त किया गया अविश्वास उन्हें परिवार के प्रति विद्रोही, अनुशासनहीन, पलायनवादी बनाता है। इसलिए परिवार के वातावरण को स्नेहिल बनाएं।

जहां तक युवा लड़कों का प्रश्न है, घर के बाहर रहने से उनके बिगड़ने की संभावनाएं और भी बढ़ जाती हैं। किशोर बच्चे गलत संगत में पड़कर जुआ खेलते हैं, शराब पीना सीखते हैं और नशे का इस्तेमाल करने लगते हैं। स्कूल-कॉलेजों में पढ़ रहे युवा छात्र-छात्राएं नशे की गोलियां, पान-मसाले, सिगरेट के धुएं आदि के रूप में ऐसे नशे की ओर आकृष्ट होते हैं। जेब खर्च की बहुतायत और बड़े घर के 'लड़के' होने का गर्व ही उन्हें 'बीयर पार्टियों' की ओर आकृष्ट करता है। इस प्रकार से प्रगतिशीलता की ओर बढ़ते उनके पैर उन्हें गर्त की ओर ले जाते हैं। नशे की ओर बढ़े हाथ ही उन्हें 'स्मैक' और 'एल.एस.डी.' आदि की ओर ले जाते हैं। एक बार की पड़ी हुई नशे की यह आदत युवा बच्चों की हालत इतनी खराब कर देती है कि उससे पूरा परिवार परेशान हो उठता है।

नशे के प्रति इस आकर्षण को समाप्त करने के लिए ही अभिभावक बच्चों पर अनेक प्रकार की बंदिशें लगाते हैं। सच तो यह है कि युवा पीढ़ी के ये बच्चे अपना भला-बुरा नहीं समझते और शीघ्र ही लोगों की चिकनी-चुपड़ी बातों में आ जाते हैं। इन युवा लड़के-लड़कियों के सामने कई प्रकार के प्रलोभन भी परसे जाते हैं। नौकरी अथवा अच्छा 'जौब' देने का आश्वासन देकर इनके साथ विश्वासघात किया जाता है। भावनाओं को अन्य अनेक बहाव देकर ऐसे युवक-युवतियों को गुमराह किया जाता है। गुमराही के अंधेरों में भटकते ये युवा लड़के-लड़कियां कब कोई समस्या खड़ी कर दें, कुछ

कहा नहीं जा सकता, इसलिए अभिभावक इन पर बंदिशें लगाने में ही अपना और इनका हित समझते हैं।

युवा बच्चों पर बंदिशें लगाने के साथ-साथ उन्हें घर की सारी परिस्थितियों से भी परिचित कराना चाहिए। अपनी आर्थिक सीमाओं से भी परिचित कराना चाहिए। आशय यह है कि किशोर बच्चों पर बंदिशें लगाने के व्यवहार को कोई अपराध नहीं समझना चाहिए। वास्तव में यह तो बच्चों की सुरक्षा और संरक्षण को सुनिश्चित करने वाली सोच का व्यवहार है। इस प्रकार की बंदिशें लगाकर अभिभावक एक प्रकार से अपने युवा लड़के-लड़कियों को गुमराह होने से बचाते हैं। आपराधिक तत्वों से सुरक्षित रखते हैं। क्योंकि कभी-कभी कुछ लड़के-लड़कियां भावनाओं के आवेश में आकर मौज-मस्ती को ही जीवन का लक्ष्य समझने लगते हैं। थोड़ी देर के लिए वे इसके दुष्परिणामों को भूल जाते हैं। कभी-कभी कुछ ऐसी गलतियां कर बैठते हैं, जिनके परिणाम युवकों के साथ-साथ अभिभावकों को भी भुगतने पड़ते हैं। कुछ बातें ऐसी होती हैं, जिनमें गलती किसी की भी हो, हीनताओं की टीस अभिभावकों को ही सहनी पड़ती है। सुघड़ गृहिणी के रूप में आप अपने युवा बच्चों के प्रति जिम्मेदारियों से मुंह न मोड़ें। युवा बच्चों के प्रति जिम्मेदारियों की इस प्रकार की उदासीनता आपके लिए घातक सिद्ध हो सकती है। इस विषय में बच्चों को इस सच्चाई से परिचित कराएं कि वे चरित्रवान बनें और जीवन के प्रति छिछली सोच से कभी प्रभावित न हों। बच्चों पर लगाई गई ये बंदिशें उनके हितों के लिए हैं, अतः वे इन बंदिशों के प्रति गंभीरता बरतें और इन सामाजिक वर्जनाओं का हमेशा पालन करें। बच्चे स्वयं ही अपनी सोच को व्यावहारिक बनाएं और ऐसा कोई काम अथवा व्यवहार न करें, जिससे उनके जीवन में किसी प्रकार की जोखिम की कोई स्थिति निर्मित हो।

लड़कियों को इस विषय में अच्छी तरह से सोच-समझ लेना चाहिए कि संसार में उनके अभिभावक से बड़ा और कोई शुभचिन्तक नहीं हो सकता। इसलिए वे परिवार से विद्रोह करने की बात मन से निकाल दें और घर से भागने की भूल कभी न करें, क्योंकि जिस प्रकार पेड़ से टूटा हुआ पत्ता फिर पेड़ पर नहीं लगता, उसी प्रकार से एक बार घर की दहलीज से निकला हुआ पैर वापस घर में वह सम्मान नहीं पा सकता। इसलिए घर के भागने जैसा आत्मघाती व्यवहार कभी न करें।

युवा लड़के-लड़कियों को चाहिए कि वे हमेशा अभिभावकों का विश्वास प्राप्त करके और उनकी सहमति से ही जीवन के निर्णय लें। वरना एक गलत निर्णय ही उन्हें जीवन-भर पश्चात्ताप की आग में जलने के लिए विवश करेगा और वे सारा जीवन रो-रो कर काटेंगी।

अतः बंदिशों के इस व्यवहार को सुरक्षा कवच के रूप में स्वीकारें, इससे अधिक कुछ नहीं।

अध्याय 13

नारी ही नारी की दुश्मन—एक भ्रामक सोच

नारी ही नारी की दुश्मन होती है...। कहने वाले बात को चाहे कितनी ही गंभीरता से कहें, लेकिन यह बात इसलिए किसी के गले नहीं उतरती कि सामाजिक और पारिवारिक जीवन में इस सोच का कहीं कोई ठोस, तर्कसंगत आधार नहीं। हां, अपनी प्रगतिशील सोच से आप इस धारणा को निर्मूल एवं भ्रामक अवश्य सिद्ध कर सकती हैं। अतः आप को चाहिए कि पारिवारिक जीवन में इसे भ्रामक सिद्ध कर अपनी सुघड़ता का परिचय दें।

''बात-बात में जिठानी के ताने, सास का शुष्क व्यवहार, ननदों की चुगली करने की आदत, इन सबको सहने की जैसे मुझे आदत पड़ गई है। इन सब के बीच भी मैं अपने आपको बहुत संभाल कर रखती हूं। मेरी स्थिति हमेशा बत्तीस दांतों के बीच फंसी जीभ जैसी रहती है। परिवार के सारे स्नेह और विश्वास समाप्त से होते जा रहे हैं। सुख की छाया को तरस जाती हूं, क्या इस बात में कोई सत्यता है कि नारी ही नारी की सबसे बड़ी दुश्मन होती है...।''

''मेरे बारे में मेरे ही आफिस में मेरी कुछ सहेलियों ने झूठी बातें फैला दी हैं, यद्यपि इन झूठी बातों का कोई आधार नहीं है, समझ में नहीं आता कि मैं किन-किन बातों का स्पष्टीकरण देती फिरूं...।''

''मेरे बसे हुए घर-संसार को उजाड़ने का श्रेय मेरी अपनी ही बहन को है। मुझे अब उसे बहन कहते हुए भी शर्म लगती है। बहन बनकर वह मेरी सौत बनी हुई है। अपनी समस्या आपको कैसे लिखूं? मैं तो अपने ही घर में रखैल जैसी जिन्दगी जी रही हूं, आपको इतना ही बता सकती हूं कि मैं पत्नी होते हुए भी पति सुख से वंचित हूं, वह भी अपनी ही बहन के कारण...।''

सामाजिक और कामकाजी जीवन से जुड़ी ये कुछ ऐसी महिलाओं की समस्याएं हैं, पत्र हैं, जिनका संबंध उनकी अपनी ही कहलाने वाली स्त्रियों से हैं। लोग ऐसी औरतों की बातों को चटकारे ले-लेकर सुनते हैं और फिर बड़े ही हलके स्तर पर बात को हवा में उछालते हुए कहते हैं—नारी ही नारी की सबसे बड़ी दुश्मन है। वास्तव में ये समस्याएं इसलिए नहीं कि नारी ही नारी की दुश्मन है, बल्कि इसलिए हैं, क्योंकि हम इन समस्याओं की गंभीरता पर ध्यान ही नहीं देना चाहते।

सामाजिक और पारिवारिक जीवन में औरत न कभी औरत की दुश्मन रही है और न ही इस विषय में कोई ठोस आधार अथवा सिद्धांत ही है। जहां तक इन समस्याओं और ऐसी अन्य समस्याओं का संबंध है, ये समस्याएं चूंकि औरतों से संबंधित हैं, और प्रत्यक्ष अथवा अप्रत्यक्ष रूप से औरतें ही इनकी पृष्ठभूमि में हैं, इसलिए इस प्रकार की बातें कहकर समस्याओं की गंभीरता से मुख मोड़ा जाता है। उन्हें अनदेखा किया जाता है अथवा अपनी अन्य कमजोरियों को छिपाने के प्रयास किए जाते हैं।

हमारे सामाजिक जीवन में मैं, तुम और वो...से संबंधित कई घटनाएं प्रतिदिन घटित होती हैं। पारिवारिक जीवन में भी पति-पत्नी के बीच किसी तीसरे का प्रवेश एक दुखद हादसे जैसा ही होता है। ऐसे संबंधों के उजागर हो जाने पर पत्नी एक घुटन-भरी जिन्दगी जीती है। ऐसी औरतों की जिन्दगी बोझ बनकर रह जाती है। पारिवारिक जीवन में ऐसे

संबंधों के कारण पति-पत्नी में विश्वास टूटने लगता है। दांपत्य जीवन की सरसता में कमी आने लगती है। वास्तव में ऐसी सारी घटनाओं के लिए औरत-औरत की दुश्मन कभी नहीं रही है। न ही ऐसी समस्याओं के समाधान के लिए औरतों को कहीं अपनी हीनताएं प्रकट करनी चाहिए और न औरतों से औरतों की रक्षा की दुहाई ही देनी चाहिए। औरत सबसे पहले मां है। बेटी है। बहन है। पत्नी है। प्रेमिका है। वह दुश्मन किसकी है? स्नेहिल बहन, ममतामयी बेटी, प्रेरणादायी प्रेमिका, समर्पणमयी नारी, पत्नी किसी की दुश्मन कैसे हो सकती है? पत्नी तो स्नेह, ममता, सहयोग और समर्पण की आदर्श है। पति की प्रेरणा है, शक्ति है। वह किसी भी प्रकार से दुश्मन नहीं हो सकती।

हमारा सारा जीवनचक्र केवल नारी की धुरी पर घूमता है, इसलिए वह किसी भी पक्ष से, किसी भी कोण से औरत की दुश्मन हो ही नहीं सकती। सामाजिक जीवन में ऐसे उदाहरणों, आदर्शों की कमी नहीं, जो यह सिद्ध करते हैं कि नारी ने ही परिवार के प्रति सदैव समर्पित होकर परस्पर स्नेह और विश्वास के इस ताने-बाने को बुना है, जिसका नाम परिवार है। परिवार को बनाने, सजाने-संवारने में नारी की भूमिका ही महत्त्व रखती है। इस भूमिका में वह तन-मन से परिवार के प्रति समर्पित भाव से अपना सब कुछ न्योछावर कर देती है। परिवार में नारी की भूमिका भाभी, ननद, दीदी की है। दीदी का महत्त्व तो वे जानते हैं, जिनकी अपनी कोई बहन नहीं होती। वास्तव में नारी को नारी की दुश्मन कहना

अथवा समझना रुग्ण मानसिक सोच है। मानसिकता संकीर्णता है, एक गाली है, जो लोग अपने स्वार्थों और मन की कलुषित भावनाओं की अभिव्यक्ति के रूप में प्रयोग में लाते हैं।

सास-बहू के संबंधों को लोग जिस प्रकार से व्यक्त करते हैं, एक क्षण के लिए वे यह भूल जाते हैं कि सास भी कभी बहू होती है और तब उसे लगता है कि उसकी सोच में कुछ अंतर था और इस प्रकार की सोच ही उसे बहू के प्रति स्नेहिल व्यवहार करने की प्रेरणा देने लगता है। इसलिए सास-बहू, देवरानी-जिठानी, ननद-भाभी आदि ऐसे पारिवारिक रिश्ते हैं, जो परस्पर का स्नेह और विश्वास पा कर समर्पित भाव से प्रकाशित हो उठते हैं। हमारे सामाजिक जीवन में ही आपको ऐसे अनेक उदाहरण मिल जाएंगे, जो सास अपनी बहू पर जान न्योछावर करती है, बहू सास के लिए जान देने को तैयार रहती है। इसलिए अपने मन से इन संबंधों के प्रति यदि आपके मन में कोई दुराग्रह अथवा भ्रामक सोच बन गई है, तो इस भ्रामक सोच से बाहर निकलें। परस्पर संबंधों की अपेक्षाएं जानें और इनका पालन कर एक-दूसरे से जुड़ें।

सास-बहू में परस्पर अधिकारों का संघर्ष होता है। जिसका कारण विचारधारा का अंतर है। अधिकारों के इस संघर्ष में इस सत्य को सहज, सरल हृदय से स्वीकारें कि परिवार में बहू के आ जाने से सास के कुछ अधिकारों में कटौती होना स्वाभाविक ही होता है। सास को भी इस सत्य को बड़ी सरलता से स्वीकार कर लेना चाहिए। अतः इस कटौती को एक सामान्य, सरल और स्वाभाविक व्यवहार समझकर स्वीकारें। इस नए वातावरण में सास को अथवा बहू को जितना मान-सम्मान और प्रतिष्ठा मिल रही है, उसी में संतुष्ट हों। बस, सास के रूप में इतनी-सी व्यावहारिक सोच ही आपको बहू की नजरों में मान-प्रतिष्ठा दिलाएगी। इस प्रकार की सोच अपनाकर देखें, दुश्मन होने का प्रश्न ही नहीं पैदा होगा और आप बहू की सबसे बड़ी हितैषी, शुभचिन्तक और मित्र बन जाएंगी। जहां तक बहू के रूप में आपकी सोच का प्रश्न है, आपको इस सत्य को स्वीकारना चाहिए कि नए घर में आपको अपना स्थान बनाना है, इसके लिए पहल आपको ही करनी है। वास्तव में नया पौधा तभी अपनी जगह बना पाता है, जब पहले उसे गमले में रोपा जाए। रोपने के बाद ही पौधा जीवन में अपनी जड़ें जमा पाता है। बहू के रूप में आप भी अपने स्नेहिल व्यवहार, सद्‌भावनाओं के साथ परिवार में अपनी जड़ें जमाने के प्रयास करें। परिवार में अपना स्थान पाने के लिए संघर्ष की नहीं, प्रेम और सौहार्द की आवश्यकता होती है।

कामकाजी जीवन में आपको विभिन्न सामाजिक, आर्थिक, वैचारिक और विभिन्न चरित्र की महिलाओं से संपर्क करना पड़ता है। ऐसी महिलाओं से संपर्क के दौरान वैचारिक मतभेद भी होते हैं। कुछ स्वार्थ भी टकराते हैं। वर्चस्व स्थापित करने के लिए कुछ प्रतिस्पर्द्धा भी होती है। कर्त्तव्य पालन के मार्ग में कुछ कठिनाइयां भी उत्पन्न होती हैं। कुछ असामान्य परिस्थितियां भी निर्मित होती हैं। इन सब का यह अर्थ नहीं कि वे सब-की-सब हमारी दुश्मन हैं। वास्तव में विरोध करना और विरोध सहना एक सामान्य व्यवहार है, अतः इसे केवल इसी स्तर पर लें। रुचियों, विचारों में भिन्नता हो सकती है। अतः अपनी सोच को समन्वय के आधार पर किसी एक धरातल पर लाएं। कुछ अपनी सोच में परिवर्तन लाएं कुछ दूसरों को प्रभावित करें। इन सारी परिस्थितियों में जरा भी विचलित होने की आवश्यकता नहीं। न ही किसी प्रकार के अनुचित दबावों अथवा अनुचित समझौतों के लिए विवश होने की आवश्यकता है। अपने मन और आत्मा को मार कर किया गया समझौता किसी समस्या का समाधान नहीं। क्योंकि अनुचित समझौतों के साथ आप अधिक दिनों तक सुखी और संतुष्ट नहीं रह सकतीं। इसलिए संपर्क में आए स्त्री-पुरुषों के साथ हमेशा सम्मान जनक समझौते ही करें।

अपने बारे में किसी भी असत्य बात, प्रचार अथवा आलोचना से विचलित होने की आवश्यकता नहीं। सत्य हमेशा उभर कर सामने आता है। सत्य हमेशा सत्य होता है। सुंदर होता है। शुभ होता है। उसे किसी प्रमाण की आवश्यकता नहीं। कामकाजी जीवन में हों अथवा परिवार में, गृहिणी हों अथवा परिवार की अन्य सदस्य, अपनी छवि, अपना कद बनाकर रखें। अपनी बातचीत, पहनावा, अपना बनाव-शृंगार इतना मर्यादित और संतुलित रखें कि आप परिवार और समाज में हमेशा निर्विवाद बनी रहें। नारी तो हमारे समाज में शक्ति का स्वरूप है। उसे हमेशा शुभ, विनयशील, संयमशाली, साहसी, गंभीर, उदार मना कहकर मान-सम्मान दिया जाता है। वह क्षमा करने वाली होती है। वह बच्चे की गुरू, पति की प्रेरणा, सास-ससुर की सेविका और समाज की शक्ति होती है।

जहां तक समाज की अन्य महिलाओं से संपर्क का प्रश्न है, सब आपसे सहयोग की अपेक्षा करती हैं। आपके दुःख-सुख में सम्मिलित होने में ही उन्हें संतोष मिलता है। आप स्वयं भी अपनी ओर से कुछ इसी प्रकार की पहल करें। इस बात का ध्यान रखें कि समाज और परिवार में हमेशा आपके आचरण और व्यवहार का मूल्यांकन होता रहता है, इसलिए अपने परिचय क्षेत्र में कहीं भी अमर्यादित आचरण न अपनाएं। पारिवारिक जीवन में क्रोध, हीनता, आत्मग्लानि, प्रतिशोधी भावनाएं और विचार मन में न लाएं। ऐसे किसी भी व्यवहार में केवल एक ही बात मन में लाएं कि क्रोध करके क्रोध पर विजय प्राप्त नहीं की जा सकती। दूसरों का मन जीतने के लिए आपको उसके अनुकूल व्यवहार करना होगा। आग पर काबू पाने के लिए पानी का उपयोग किया जाता है। आग से आग नहीं बुझती। बस, इतनी-सी संवेदनशीलता और मानसिक सोच ही आपको महान् बना देगी और आप संपर्क में आने वाली प्रत्येक स्त्री की मित्र, शुभ चिन्तक बन जाएंगी। प्रत्युत्तर में भला यह आपके साथ दुश्मनी क्यों निभाने लगेंगी। वह चाहे आपके परिवार की सदस्या हो अथवा परिचय क्षेत्र की कोई महिला अथवा सहकर्मी।

आशय यह है कि स्नेह, त्याग और सहनशीलता से सज्जित-मंडित स्त्री किसी की दुश्मन हो ही नहीं सकती, वह अपनों की तो शुभचिन्तक होती ही है, पराए भी उसमें कल्याणी का रूप ही देखते हैं। अतः आप अपने सामाजिक, पारिवारिक और कामकाजी जीवन में इस भ्रम से मुक्त हो कर अपनी सोच को नया चिन्तनशील आधार दें। प्रगतिशीलता की यह सोच ही आपको परिवार और समाज में प्रतिष्ठा दिलाएगी। सबकी परम शुभचिन्तक बनकर जिएं, स्नेह के नये स्रोत हमेशा हरे बने रहेंगे।

अध्याय 14

उपहार का व्यवहार

उपहार भावनात्मक जुड़ाव का एक सशक्त माध्यम है। उपहारों का आदान-प्रदान हमें एक-दूसरे से जोड़ता है। उपहार प्रेम भी जगाता है और मान भी बढ़ाता है। उपहार पाकर व्यक्ति अपने को गौरवान्वित महसूस करता है। गृहिणी का दर्जा बहुत बड़ा और व्यापक है। उसे छोटे और बड़े सभी के लिए उपहार का व्यवहार करना पड़ता है। इसलिए इस विषय में अपनी सोच को कुछ और नयापन दें।

"हमारे लिए क्या लाए...?" बच्चे, युवा, पति-पत्नी यहां तक कि वृद्ध भी अपनों से प्रत्यक्ष और अप्रत्यक्ष रूप से एक ही प्रश्न करते हैं। अपनों से अपेक्षाओं का यह प्रश्न सबकी आंखों में समान रूप से उभरता दिखाई देता है। स्पष्ट है कि परिवार के सभी सदस्य अपनों से उपहारों की अपेक्षाएं करते हैं। अवसर के अनुकूल उपहार देना एक ऐसा व्यवहार है, जिसके संबंध में कहा जाता है कि उपहार प्रदर्शन की वस्तु नहीं, बल्कि यह तो संबंधों का नवीनीकरण है, जो लेने और देने वाले दोनों के ही होंठों पर मुस्कान बिखेरता है।

मिसेज वर्मा की ओर से उनके बच्चे की वर्षगांठ का निमंत्रण-पत्र सामने रखा था। सुनहरे अक्षरों में छपा, कलात्मक, महंगा कार्ड मिसेज वर्मा के संपन्न होने का परिचय दे रहा था। बार-बार मेरी नजरें कार्ड के नीचे छपी पंक्ति पर जाकर ठहर जाती थीं, कृपया उपहार लाकर हमें लज्जित न करें। उपहार न लाएं। उपहार स्वीकार न होंगे।

दोनों पंक्तियों को बार-बार पढ़ने के बाद भी यह बात मेरी समझ में न आ रही थी और न ही यह सत्य मेरे गले से उतर रहा था कि उपहार स्वीकारने में भला मिसेज वर्मा क्यों लज्जित होंगी? उपहार स्वीकारने का व्यवहार क्या किसी को आहत अथवा अपमानित करने वाला व्यवहार है? उपहार न लाने का यह अनुरोध आखिर उनकी किस मानसिकता का परिचायक है? उस बच्चे के दिल पर क्या बीतेगी, जब लोग उसे उसकी वर्षगांठ पर कुछ भी उपहार नहीं देंगे? क्या उसके मन में हीनता का अहसास न होगा? यद्यपि मैं यह भी समझ रही थी कि मिसेज वर्मा ने यह अनुरोध क्यों प्रकाशित कराया था। पिछले कुछ वर्षों से जन्मदिन मनाने के व्यवहार को कुछ लोगों ने व्यावसायिक रंग देना प्रारम्भ कर दिया है और कुछ लोग इसे लाभदायक 'धन्धे' का नाम देने लग गए हैं, लेकिन मुट्ठी-भर लोगों की सोच के कारण हम एक अच्छे भले सामाजिक व्यवहार को तोड़ दें अथवा उसे इस रूप में प्रकट करें, यह तो ठीक नहीं।

सामाजिक जीवन में विवेक से काम लें। उपहार के इस स्नेह स्रोत को जी खोलकर स्वीकार करें और भावनात्मक संबंधों के इस स्रोत को कहीं भी विकृत रूप में न देखें। आपको इस प्रकार के अनुरोध लिखकर लोगों की भावनाओं को आहत करने का कोई अधिकार नहीं। न ही समाज में आपकी इस सोच के कारण आपको किसी से प्रतिष्ठा मिलेगी।

जन्मदिन हो अथवा विवाह की वर्षगांठ, उपहार चाहे मित्र लाएं अथवा पति-पत्नी, अवसर चाहे पदोन्नति का हो अथवा सामाजिक या पारिवारिक उत्सव का, पर्व हो अथवा

त्योहार, यानी अवसर कोई भी क्यों न हो, उपहार दे-लेकर इस अवसर की शोभा बढ़ाएं। उपहार ही इन अवसरों की सार्थकता को बढ़ाते हैं। ये भी हमारे कर्त्तव्यों, भाव और भावनाओं, दायित्वों का बोध कराते हैं। यहां तक हम इन उपहारों के माध्यम से ही अपने नैतिक दायित्वों को पूरा करते-कराते हैं। परस्पर संबंधों में निकटता लाते हैं। हम इसी से अतीत में हुई भूलों के लिए खेद प्रकट करते हैं। 'दीपावली के शुभ अवसर पर मां जी के लिए शाल भेज रही हूं।' अथवा 'नये साल के शुभ अवसर पर पप्पू के लिए नया रंगीन स्वेटर भेज रही हूं, जब से विदेश से आई हूं, तुम से मिलने के निरन्तर प्रयास कर रही हूं, लेकिन व्यस्तता के कारण संयोग ही नहीं बन पा रहा है। हांगकांग से तुम्हारे लिए 'मेकअप सेट' लाई हूं, वह भेज रही हूं। पसन्द आए तो लिखना...।' जैसी बातें, पत्र और भावनाएं परस्पर संबंधों में मधुरता और निकटता लाते हैं, जबकि उपहार न लाने का अनुरोध यानी कि दूसरे की भावनाओं पर प्रहार, कुठाराघात।

यदि किन्हीं कारणों (प्रशासनिक कारण भी हो सकते हैं) से आप किसी का उपहार स्वीकार नहीं कर पा रही हैं, तो बड़ी शालीनता और शिष्टता के साथ आत्मीय शब्दों का प्रयोग करते हुए कहें—आपकी शुभकामनाएं और स्नेह ही हमारे लिए आशीर्वाद हैं, इससे बड़ा और उपहार हमें क्या चाहिए। आपने पधार कर हमारी मान-प्रतिष्ठा बढ़ाई है, वही हमारे लिए उपहार है। इसी प्रकार से यदि आप चाहती हैं कि लोग उपहार न लाएं, तो भी यह कहकर टाल दें कि अभी हम

कोई बड़ा 'फंक्शन' नहीं कर रही हैं, अगली बार आपकी यह भेंट अवश्य स्वीकारेंगे। कहने का आशय यह है कि मेहमानों की भावनाओं का हमेशा ख्याल रखें। उपहार अस्वीकार कर उन्हें आहत न करें। उपहार स्वीकारने या अस्वीकारने में अपनाई गई शिष्टता, सौजन्यता और आत्मीय भावनाओं का ख्याल रखें।

किसी भी दृष्टि से घर की स्त्री को अपना वर्चस्व सौम्य व्यवहार के साथ बनाए रखना चाहिए। वही गृहिणी कामयाब है, जो परस्पर आत्मीयता से परिपूर्ण आदान-प्रदान से सरोकार रखती है। उपहार इस प्रकार के व्यवहार का मुख्य साधन है। इससे देने वाला और लेने वाला, दोनों ही अभिभूत हो उठते हैं।

अध्याय 15

कुछ बेतुकी चाहतें...

बेतुकापन कहीं भी ठीक नहीं होता और चाहतों में तो बिलकुल भी नहीं। सार्थक इच्छा तो समझ में आती है। इसके अतिरिक्त कुछ भी नहीं। जीवन में सभी सार्थकता की तलाश करते हैं। चाहे वह चाहत ही क्यों न हो ? जी चाहता है कि...जैसी जब मन में बेतुकी चाहतें उठने लगें, तो अपने मन को संभालिए। चाहतों के इस व्यवहार पर लगाम लगाएं, क्योंकि कभी-कभी मन में उठी ये बेतुकी चाहतें आपको कहीं का नहीं छोड़तीं।

"मैं प्रतिष्ठित डॉक्टर की पत्नी हूं। हमारा दांपत्य जीवन भी सुखी और समृद्ध है, लेकिन पिछले कुछ दिनों से मैं इनके क्लीनिक में काम कर रहे एक मेडीकल के छात्र से प्रभावित हो गई हूं। उसके प्रति मेरी चाहत ने मुझे पागल बना दिया है। उसने मेरे शांत जीवन में हलचल मचा दी है। मैं रात-दिन उसी के ख्यालों में डूबी रहती हूं। चाहत की यह चमक मैंने उसकी आंखों में भी तैरते हुए देखी है। अब मैं उसकी निकटता पाने के लिए सदैव बेचैन रहती हूं। मेरी मानसिक अवस्था देखकर मेरे डॉक्टर पति भी परेशान हैं, मुझे क्या हो गया है? क्या मैं अगले कुछ ही महीनों में पागल हो जाऊंगी...मैं क्या करूं...?"

यह एक पत्र नहीं, ऐसे अनेक पत्र मनोचिकित्सकों, मनोविशेषज्ञों और संपादकों के पास प्रतिदिन आते हैं, जिन में हमारे सामाजिक और पारिवारिक जीवन की प्रतिष्ठित, पढ़ी-लिखी, आधुनिक, प्रगतिशील सोच वाली महिलाएं ऐसी अजीब-अजीब चाहतों की बातें लिखती हैं, जिन्हें पढ़कर उनकी इन चाहतों पर 'तरस' आता है। चाहतों की यह सोच अव्यावहारिक तो होती ही है, साथ ही यह भी लगता है कि इनकी ये चाहतें आखिर इन्हें कहां ले जाएंगी? ऐसी महिलाओं की यह सोच, इनकी चाहतें, इन्हें सिवाय बदनामी और हीनता के कुछ और नहीं दिलातीं। विवाह पूर्व के संबंधों अथवा विवाहेतर संबंधों के कारण ऐसी महिलाएं जहां अपने बसे-बसाए घर को आग लगा लेती हैं, वहीं कभी-कभी कुछ चतुर किस्म के लोगों के हाथों में पड़कर चाहत के नाम पर शारीरिक शोषण का शिकार होती रहती हैं। ऐसी महिलाएं चाहतों के नाम पर गुमराही के अंधेरों में केवल इसलिए भटकती हैं, क्योंकि उम्र के आकर्षण और सैक्स की भूख की कमजोरी का लोग लाभ उठाते हैं। पुरुष वर्ग इस कमजोरी का खूब लाभ उठाता है और अन्त में जब उम्र का आकर्षण समाप्त हो जाता है, तो ऐसी महिलाओं को दूध में पड़ी हुई मक्खी की तरह निकाल बाहर फेंक देता है। वास्तव में इन चाहतों के कारण वे कहीं की भी नहीं रहतीं।

कहने का आशय यह है कि इन बेतुकी चाहतों के परिणाम इन्हें ही भुगतने पड़ते हैं। इसलिए आपका सामाजिक, पारिवारिक स्तर चाहे जो भी हो, विवेक से काम लें और इस प्रकार की मृगतृष्णा-भरी सोच से दूर रहें :

- आप अपने कामकाजी जीवन में पुरुष मोहजाल की इन बेतुकी चाहतों को कोई स्थान न दें। इस प्रकार की चाहत मानसिक रोग है। कोई भी पति-पत्नी इसे सरलता से नहीं स्वीकार कर पाता, अतः आप मन में ऐसी चाहतें लाकर परिवार में कैक्टस न पैदा करें।

● विवाहित महिलाओं को अपनी नई स्थिति का स्वयं मूल्यांकन करना चाहिए। विवाह पूर्व के संबंधों को स्लेट पर लिखे रफ कार्य के समान मिटा दें और भूल कर भी पीछे मुड़कर न देखें। यदि कोई पुरुष इन संबंधों को चाहत के नाम पर विवाह के बाद भी जारी रखना चाहता है, तो अपने स्तर पर इसका विरोध करें।

● कामकाजी जिन्दगी, स्कूल, कॉलेज के दिनों में, होस्टल में, ट्यूशन के नाम पर अथवा कैरियर के प्रशिक्षण के क्रम में किशोरावस्था की सोच के कारण आपका आचरण कहीं कुछ अमर्यादित अथवा असंतुलित हुआ है, आपके साथ कोई हादसा हो गया है, आप किसी के विश्वासघात का कारण बनी हैं, अथवा आप अपनी किसी अन्य कमजोरी

के कारण लोगों की सवालिया नजरों का शिकार बनी हैं, तो अपनी इस अवस्था को सुबह के सपने की भांति भूल जाएं और ऐसे लोगों की किसी चाहत को अब कोई महत्त्व न दें। सामाजिक जीवन में संपर्क में आने वाले प्रत्येक पुरुष से एक निश्चित मर्यादित दूरी बनाकर रखें। किसी पुरुष से निकटता चाहने की सोच मन में ला कर अपने लिए पतन का रास्ता न चुनें। निश्चय ही इस प्रकार के रास्तों के दूसरे छोर बंद दरवाजे जैसे होते हैं।

● अपने सामाजिक और पारिवारिक जीवन में आर्थिक और सामाजिक सीमाएं जानें। किसी भी व्यक्ति से इस विषय में सहानुभूति पाने के लिए कोई 'शार्ट-कट' की चाहत मन में न लाएं। नौकरी दिलाने के नाम पर अथवा जॉब

दिलाने के नाम पर ठगी रोज हो रही है। प्रलोभन-भरी चकाचौंध से प्रभावित न हों।

- कुछ पुरुष धन, वैभव और प्रभाव का उपयोग कर महिलाओं को अपनी ओर आकर्षित करते हैं और उन पर पैसा पानी की तरह बहाते हैं। ऐसी औरतों को जीवन में 'रखैल' और दूसरी औरत से ज्यादा 'सम्मान' नहीं मिलता।

- सिनेमाई जिन्दगी का ग्लैमर आज की महिलाओं की सबसे बड़ी कमजोरी है। महिलाओं को विचार कर लेना चाहिए कि सिनेमाई जिन्दगी और वास्तविक जिन्दगी में बहुत अंतर है और इस अंतर को समझ लेना बहुत जरूरी है। अन्यथा आपके हिस्से आत्मग्लानि और पश्चात्ताप के सिवाए और कुछ नहीं आएगा।

- चाहतों के नाम पर कुछ पुरुष भी आपको बहला-फुसला सकते हैं। ऐसे पुरुषों के मगरमच्छी आंसुओं पर विश्वास न करें। इस भ्रम से ऊपर उठें कि कोई किसी के लिए मर भी सकता है।

- चाहत के नाम पर अपनी भावनात्मक सोच को भी बदलें। रिश्तों का स्वरूप भी उम्र के साथ-साथ बदलता है। युवा बेटे की नजरें सजी-संवरी पत्नी पर ही ठहरती हैं, बूढ़ी मां पर नहीं। पत्नी भी पति पर अपना एकाधिकार चाहती है। मां को ऐसे क्षणों में यह नहीं भूलना चाहिए कि बहू-बेटे की स्वतंत्रता पर अंकुश उन्हें परिवार के प्रति विद्रोही बना सकता है। इसलिए विवाह के बाद मां-बाप को बहू-बेटे को एक स्वतंत्र और खुला वातावरण स्वयं ही प्रदान करना चाहिए। पति-पत्नी की चाहतों के इस व्यवहार को आप स्वयं ही मान्यता देकर उनकी निकटता प्राप्त करें। बहू-बेटे पर बंदिशें लगाकर आप उनसे दूर हो जाएंगी। बहू-बेटे की इस सोच को विरले मां-बाप ही सोचते हैं। अतः चाहतों के इस व्यवहार में इस सत्य को स्वीकारें।

- बहू-बेटे से शिकवे-शिकायतें करके आप उन्हें अपने से नहीं जोड़ सकते, बल्कि उन्हें अपनाकर ही उन्हें अपने से जोड़ सकते हैं। युवा पति-पत्नी के मन में अनेक सपने होते हैं, इसलिए आप उनके सपनों के अनुसार ही उनमें रंग भरें। मां-बाप को चाहिए कि वे बच्चों की खुशियों में ही अपनी खुशियां तलाशें। वास्तव में चाहतों के इस मनोविज्ञान को समझें और एक-दूसरे से अपेक्षाओं का कभी न खत्म होने वाला रोना न रोएं। बल्कि हंस-खेलकर जीवन बिताएं।

अध्याय 16

धार्मिक अभिरुचि जगाएं

स्त्री को कन्या या भवानी कहा गया है, सहधर्मिणी या धर्मपत्नी कहा गया है, मातृ या मातेश्वरी कहा गया है। यानी धर्म ने स्त्री को बहुत महत्त्व दिया है। एक तरह से उसे दिव्य बना डाला है। स्त्री की धर्म के प्रति आस्था प्रबल होती है और आचरण विशुद्ध होता है। इसी कारण हम कह सकते हैं कि जितनी वह पति-परायण होती है, उतनी ही धर्म-परायण भी। आज बदले हुए आधुनिक परिवेश में स्त्रियां धर्म से विमुख हो रही हैं। यह घातक स्थिति है। इससे हमारी विलक्षण सांस्कृतिक संरचना बिखर रही है। उसके क्षरण को रोकना होगा। स्त्रियों को अपने भीतर धार्मिक अभिरुचि जगानी होगी।

धर्म की अनेक परिभाषाएं दी जाती हैं। कुछ लोग धर्म के बारे में इतने उदार होते हैं कि वे यह मानते है कि गृहस्थ जीवन का पालन करना ही सबसे बड़ा धर्म है। आज भी धर्म के बारे में प्रगतिशील सोच यही है कि जो व्यक्ति अपने सामाजिक, पारिवारिक दायित्वों को पूरा करता है, वह सबसे बड़ा धार्मिक है। इस विषय में आज सारी मानव जाति कबीर के प्रति कृतज्ञ है, जिन्होंने आडम्बर विहीन गृहस्थ जीवन को ही धर्म माना। कबीर के साथ-साथ अन्य अनेक आधुनिक धर्म गुरुओं का कथन है कि आचरण की पवित्रता ही सबसे बड़ा धर्म है। साधनों की पवित्रता ही हमें मानसिक सुख-शांति देती है। दया धर्म का मूल है। हमें प्राणी मात्र के साथ दया का व्यवहार करना चाहिए। यदि हमारे मन में प्राणियों के प्रति दया, आत्मीय भाव नहीं, तो हम धार्मिक कहलाने के पात्र नहीं।

संसार में जितने भी धर्म प्रचलित है, सबका सार एक ही है, और वह यह है कि दूसरों के साथ ऐसा व्यवहार कतई न करो, जो तुम अपने प्रति दूसरों से नहीं चाहते। मन, वचन और कर्म की शुद्धता ही हमें धार्मिक बनाती है। यह शुद्धता साधना से प्राप्त होती है, जप-तप, व्रत से प्राप्त होती है। धर्म के मर्म को जानने के लिए हमें मानवतावादी अनेक आदर्शों के उदाहरण दिए गए हैं—

- पापी को पत्थर मारने का हक केवल उसी व्यक्ति को है, जिसने स्वयं कभी पाप न किया हो।
- सत्य का पालन करके ही हम ईर्ष्या भाव से बचे रह सकते हैं।
- ईश्वर में विश्वास रखकर हमें अपने कर्तव्यों का पालन करना चाहिए। ईश्वर के प्रति यह आस्था ही हमें सामाजिक वर्जनाओं के अनुकूल बनाती है। हमारी सोच पवित्र बनी रहती है।
- हम चाहे जिस धर्म को भी मानते हों, इतना अवश्य समझ लें कि सभी धर्मों का आधार एक है। लक्ष्य एक है। और वह है वैचारिक शुद्धता, पवित्रता।
- जो भी व्यक्ति अपने आराध्य, इष्ट से जुड़ा रहता है, उसमें आस्था और विश्वास रखता है उसके आचरण में विकृतियां कम आती हैं। उसका आचरण नीति-रीति सम्यक बनता है। उसकी कथनी और करनी में भी समानता बनी रहती है। जिसकी कथनी और करनी में अंतर होता है, वह व्यक्ति चाहे कितना भी धार्मिक होने

का दावा करे, सामाजिक मान-प्रतिष्ठा प्राप्त नहीं कर पाता।

● अतः आप भी धर्म के मर्म को जानें। घर ही मंदिर है, मस्जिद है, गुरुद्वारा है। मानसिक सुख-शांति का आधार है। अतः नियति के इस सत्य को समर्पित भाव से स्वीकारें कि बुरे काम का बुरा नतीजा होता है और हर व्यक्ति को उसकी करनी का फल भुगतना पड़ता है। विधि के इस अटल विधान को खुले मन से स्वीकारें।

● अपना कुछ समय पूजा, अर्चना, भजन, साधना अथवा एकान्त में अपने इष्ट के प्रति समर्पित भाव से वंदना में बिताएं। ज्योति जला कर मन को प्रकाशित करें। इस प्रकार के आचरण से जहां मन शान्त होता है, वहीं वह तटस्थ भाव से एकाग्र होता है।

● अपने भौतिक और आध्यात्मिक जीवन में संतुलन बना कर रखें। बच्चों को इसी प्रकार की जीवन शैली विरासत में दें।

● परिवार में कोई उत्सव हो अथवा संस्थान में मनाया जाने वाला कोई समारोह। आप समूह रूप में हों अथवा अकेले। बड़ों के साथ हों अथवा बच्चों के बीच। समारोह चाहे सरकारी हो अथवा नितांत व्यक्तिगत। मानसिक शांति, आत्मशुद्धि, आत्मसंतोष के लिए, कार्यक्रम के प्रारंभ अथवा अंत में यह सर्वधर्म प्रार्थना करें—

सर्वधर्म प्रार्थना

हमको मन की शक्ति देना मन विजय करें।
दूसरों की जय से पहले खुद को जय करें।
हमको मन की शक्ति देना मन विजय करें।

भेदभाव अपने दिल से साफ कर सकें।
दोस्तों से भूल हो तो माफ कर सकें।
झूठ से बचे रहें, सच का दम भरें।

दूसरों की जय से पहले खुद को जय करें।
हमको मन की शक्ति देना मन विजय करें।

मुश्किलें पड़ें तो हम पर इतना कर्म कर।
साथ दें तो धर्म का चलें तो धर्म पर।
खुद पे हौसला रहे बदी से न डरें।

दूसरों की जय से पहले खुद को जय करें।
हमको मन की शक्ति देना मन विजय करें।

अध्याय 17

सफल गृहिणी के लिए 25 टिप्स

टिप्स यानी कि निचोड़...सार की बात। गृहिणी के व्यक्तित्व को निखारने में ये टिप्स बड़े महत्त्वपूर्ण हैं। अपना मूल्यांकन आप करें। परिस्थिति के अनुसार अपने आप में सुधार कर इन टिप्स को अपनाएं। ये बेशकीमती टिप्स हैं। इन पर अमल करना अपने गृहस्थ जीवन को सफल बनाना है। प्रत्येक गृहिणी के लिए इनकी आजमाइश जरूरी है।

1. गृहिणी का पद परिवार में बड़े मान-सम्मान का होता है, अपनी संकीर्ण सोच अथवा छिछले व्यवहार से इस पद की गरिमा को कहीं भी कम न होने दें।
2. किसी भी मित्र अथवा पड़ोसी, सह-कुटुंबी के घर जाएं, तो वहां लगने वाली किसी भी अच्छी वस्तु की मांग न करें। इस प्रकार से वस्तु मांगना आपकी प्रतिष्ठा को कम करेगा और आपको वह वस्तु मिल ही जाए, इसमें भी संदेह रहता है।
3. अपने घर आए मेहमानों को दूसरों के घर तब तक न ले जाएं, जब तक कि दूसरे उन्हें अपने घर आमंत्रित न करें।
4. शादी-विवाह अथवा अन्य किसी भी अवसर पर पड़ोसी, मित्र अथवा सह-कुटुंबी से मांगकर साड़ियां, वस्त्र अथवा आभूषण आदि न पहनें।
5. परिचय क्षेत्र के किसी भी स्त्री अथवा पुरुष, मुहल्ले, पड़ोस अथवा सहकर्मियों की किसी भी कमजोरी, हीनता अथवा दोष पर कोई बातचीत न करें। न उसमें विशेष रुचि लें।
6. किसी की दुखती नस पर हाथ न रखें, न ही ऐसे किसी अप्रिय प्रसंग के बारे में कुछ जानने की कोशिश करें।
7. परिवार वालों से चोरी-छिपे किसी रिश्तेदार अथवा किसी अन्य की बातों में आकर कोई आर्थिक मदद न करें। यदि करना आवश्यक हो, तो पहले परिवार के सदस्यों को विश्वास में लें।
8. मन का बोझ हलका करने के लिए अपनी किसी विशेष सहेली से कुछ मन की बातें कहें। मन का दुःख कम करने के लिए उसे बांटना सीखें। इस प्रकार की बातें आप अपने पति से भी कर अथवा कह सकती हैं। मतलब तो यह है कि आंतरिक भावों की अभिव्यक्ति आवश्यक है। इसके लिए किसी-न-किसी को हमराज जरूर बनाएं।
9. घर में भी अपने बनाव-शृंगार का ख्याल रखें। सुबह घूमने के समय अथवा घर में रसोई का काम करते समय मैक्सी, गाऊन आदि पहनना उचित नहीं। यह 'नाइट ड्रेस' है, इसका उपयोग रात में ही करें। दिन में पहनकर घर में काम करना उचित नहीं।
10. साड़ी अथवा दुपट्टे के पल्लू को रूमाल न समझें, न स्वयं ऐसा करें, न बच्चों को ऐसा करने दें।
11. पहली ही मुलाकात में अपना प्रभाव छोड़ें। पहला प्रभाव हमेशा याद रहता है।
12. मन में आए हुए विचारों, लिए हुए निर्णयों, सोचे हुए काम को शीघ्र पूरा करें। जब तक वे पूरे नहीं होते, आप मानसिक रूप से बोझिल रहती हैं। आप ही बताएं कि जब पहले से ही मन में कोई बैठा हो, तो

दूसरा कैसे अंदर आएगा और कहां बैठेगा? इसलिए सोचे हुए काम को शीघ्र पूरा करें, ताकि दूसरे विचार को स्थान मिल सके।

13. अपने सगे-संबंधियों, वरिष्ठ अधिकारियों, मित्रों, शुभ-चिन्तकों से समय-समय पर मिलती रहें। इससे जहां आप उनकी गुडबुक में बनी रहेंगी, वहीं आपके संबंध भी अच्छे बने रहेंगे।

14. उपहार लेते अथवा देते समय हिसाब-किताब न लगाएं। हिसाब लगाकर दिया गया उपहार संबंधों में दूरियां लाता है।

15. छोटी-छोटी बातों को भी महत्त्व दें। छोटी-छोटी बातों की उपेक्षा करना बड़े व्यवहारों को प्रभावित करता है। इसलिए अपने व्यवहार में किसी व्यक्ति, बात अथवा व्यवहार को छोटा न समझें।

16. हंसी-मजाक करते समय बड़ी सावधानी बरतें। इसका मनोवैज्ञानिक पक्ष यह है कि हंसी-मजाक द्वारा कुछ लोग अपने मनोविकारों को प्रकट करते हैं। इसलिए हंसी-मजाक में दूसरों को अमर्यादित होने के अवसर बिलकुल न दें।

17. जब आप उदास हों, मूड ठीक न हो, किसी ने कुछ अप्रिय बोला हो, तो किसी-न-किसी रचनात्मक कार्य में जुट जाएं। आपको सामान्य होने में समय न लगेगा।

18. बोलने में शक्ति व्यय होती है, इसलिए केवल सार्थक

83

ही बोलें। बिना मांगे सलाह देकर अपने विचारों का मूल्य न घटाएं। अपनी बात को वजनदार बनाएं।

19. फ़ोन की घंटी बजते ही केवल 'हैलो' कहें। संतुष्ट होने पर ही बातचीत को आगे बढ़ाएं। अनावश्यक रूप से बातचीत कर सिर-दर्द मोल न लें।

20. दूसरों का फ़ोन इस्तेमाल करने से पूर्व पूछना एक सामान्य शिष्टाचार है, इसका पालन अवश्य करें।

21. वस्त्र शरीर के रंग, अवसर के अनुकूल पहनें। कलर कंबीनेशन में मेकअप का भी ख्याल रखें और उसकी उपेक्षा न करें।

22. ख़रीदारी करते समय जल्दी न करें। यदि आपके पास समय का अभाव है, तो खरीदारी अगले समय के लिए टाल दें।

23. सेल, डिस्काउन्ट, कीमतों पर भारी छूट जैसी आकर्षक बातों की ओर ध्यान न दें। अर्थशास्त्र का सिद्धांत है कि वस्तु की कीमत उसके उत्पादन की लागत के अनुसार होती है और दुकानदार इस नियम को तोड़ नहीं सकता। इसीलिए कहा जाता है कि किसान भूसे के लिए खेती नहीं करता है। दुकानदार भी लाभ के लिए व्यापार करता है।

24. व्यक्ति के कार्य उसके शब्दों से कहीं अधिक ज़ोर से बोलते हैं। आप भी अपने कार्यों को बोलने योग्य बनाएं।

25. गृहिणी के रूप में पारिवारिक खर्चों में मितव्ययिता बरतें। किसी भी प्रकार का अपव्यय वह चाहे पानी, बिजली ही क्यों न हो, परिवार की जीवन शैली को प्रभावित करता है। इसलिए आप पैसे का महत्त्व समझें और उसकी कद्र करें।

परिशिष्ट 1

कुशल गृहिणी का वार्षिक पारिवारिक कलैण्डर

क्रमांक	करने योग्य कार्य, व्यवहार एवं सोच	जनवरी-फरवरी	मार्च-अप्रैल	मई-जून	जुलाई-अगस्त	सितम्बर-अक्तूबर	नवम्बर-दिसम्बर
1.	स्वयं के लिए	नए संकल्प करें	बच्चों की परीक्षा की तैयारी	पर्यटन की योजनाएं	बच्चों का नए स्कूल में प्रवेश	स्वास्थ्य और शारीरिक सौष्ठव	स्वास्थ्य पर ध्यान, स्वास्थ्य ऋतु से लाभ उठाएं
2.	पारिवारिक सोच के के कार्य	सर्दी से बचाव	मौसम परिवर्तन से होने वाले रोगों से बचाव	लू, कड़ी धूप से बचाव	पानी उबाल तथा छानकर पिएं	कपड़ों, खाने-पीने की चीजों को धूप लगवाएं	गर्म कपड़ों की देखभाल और ओढ़ने-बिछाने के वस्त्रों का रख-रखाव
3.	पड़ने वाले व्रत, त्योहार और उत्सव	नव वर्ष, गणतंत्र दिवस, बसंत पंचमी, महाशिवरात्रि, लोहड़ी, संक्रान्ति	होली, गुड फ्रायडे, राम नवमी, दुर्गा अष्टमी, बैसाखी	ईद	गुरु पूर्णिमा, रक्षा बंधन	गणेश चतुर्थी, गांधी जयन्ती, नवरात्रि, शरद पूर्णिमा	करवा चौथ, दीपावली, क्रिसमस डे
4.	खान-पान में सावधानी	हैल्दी सीज़न के पौष्टिक भोजन करें	कोई ख़ास नहीं	बर्फ की अत्यधिक ठंडी चीजें, पेठे की चीज़ें	दूध, दही, हरी सब्जियों का प्रयोग न करें	पौष्टिक आहार लें	दही, चावल, मट्ठा आदि ठंडी वस्तुओं का परहेज रखें

जारी...

जारी...

5.	मेहमानों, पार्टियों और उत्सवों पर बनाए जाने वाले व्यंजन	गाजर का हलुआ, ब्रेड पकौड़ा, चूड़ा-मटर	ढोकला, मीठी ब्रेड, बर्फी	सूजी का हलुआ, आइसक्रीम, दही बड़े	काजू की बर्फी ब्रेड रौल, पोए	मावा कचौड़ी, गुझिया	मूंग की दाल का हलुआ, मूंगफली पाक
6.	पारिवारिक बजट पर पड़ने वाला प्रभाव	गर्म कपड़ों पर व्यय भार	बचत की पर्याप्त संभावनाएं	पर्यटन पर व्यय, मेहमानों के आने पर बढ़ता व्यय भार	नए शिक्षा सत्र के कारण बच्चों की फीस, किताबें, यूनीफार्म पर भारी व्यय	त्योहारों एवं वार्षिक सफाई पर व्यय भार	बचत की संभावनाएं पर्याप्त

परिशिष्ट 2

बधाई के तार/संदेश

बधाई के निम्नलिखित संदेश आप रियायती दरों पर भेज सकती हैं, बशर्ते आप तार-फार्म पर 'बधाई का तार' अवश्य लिखें, तथा जो बधाई-संदेश आप भेजना चाहती हैं, उसके पहले अंकित अंक (कोड नं.) संदेश के स्थान पर लिखना भी न भूलें।

1. Heartiest Diwali Greetings.
   दीपावली की हार्दिक शुभ-कामनाएं।
2. Id Mubarak.
   ईद मुबारक।
3. Heartiest Vijaya Dashmi Greetings.
   विजयादशमी की हार्दिक शुभ-कामनाएं।
4. A happy New Year to You.
   नव वर्ष आपको शुभ हो।
5. Many Happy Returns of the Day.
   ईश्वर करे यह शुभ दिन बार-बार आए।
6. Congratulations on New Arrival.
   पुत्र-जन्म पर हार्दिक बधाई/पुत्री भाग्यवती और चिरंजीवी हो।
7. Congratulations on the Distinction Confered on you.
   आपको इस सम्मान पर हार्दिक बधाई।
8. Best Wishes for a Long and Happy Married Life.
   सुखमय और चिरस्थाई वैवाहिक जीवन के लिए हमारी शुभ-कामनाएं।
9. A Merry Christmas to You.
   क्रिसमस की हार्दिक शुभ-कामनाएं।
10. Hearty Congratulations on your Success in the Examination.
    परीक्षा में सफलता पर हार्दिक शुभ-कामनाएं।
11. Best Wishes for a Safe and Pleasant Journey.
    आपकी यात्रा आनन्दमय और सकुशल हो।
12. Hearty Congratulations on Success in Election.
    चुनाव में सफलता पर हार्दिक बधाई।
13. Many Thanks for Your Good Wishes which I/We Reciprocate Most Heartily.
    आपकी शुभकामनाओं के लिए कोटिशः धन्यवाद।
14. Congratulations.
    बधाई।
15. Loving Greetings.
    सप्रेम शुभकामनाएं।
16. May Heaven's Choicest Blessings be Showered on the Young Couple.
    नवदंपती पर परमात्मा की असीम कृपा हो।
17. Wish you Both a Happy and Prosperous Wedded Life.
    आप दोनों का दांपत्य जीवन सुखी तथा समृद्धशाली हो।
18. Kind Remembrances and all Good Wishes for the Independence Day.
    स्वतंत्रता दिवस पर मंगल कामनाएं एवं संस्मरण।
19. Sincere Greetings for the Republic Day, Long Live the Republic.
    हार्दिक बधाई 'अमर रहे जनतंत्र हमारा'।

20. My Heartiest Holi Greetings to You.
होली की शुभकामनाएं।

21. Wishing the Function Every Success.
उत्सव के लिए हार्दिक शुभकामनाएं।

22. Many Thanks for Your Kind Message of Greetings.
बधाई-संदेश के लिए अनेक धन्यवाद।

23. Best Wishes for Your Success in the Exam.
परीक्षा में सफलता के लिए शुभकामनाएं।

परिशिष्ट 3

मित्र व संबंधियों के पते

नाम व पता	फोन नं.	नाम व पता	फोन नं.

नाम व पता	फोन नं.	नाम व पता	फोन नं.

●●●

अन्त में....

हम आशा करते हैं कि प्रस्तुत पुस्तक में नारी एवं खुशहाल परिवार से संबंधित आपकी संपूर्ण जिज्ञासाओं का समाधान हो गया होगा। नारी संबंधी अन्य जिज्ञासाओं के समाधान के लिए आप इस विषय पर हमारे यहाँ से प्रकाशित दूसरी पुस्त्क लेकर अपने ज्ञान में वृद्धि कर सकते हैं।